零基础学
债券型基金
从入门到精通

股震子 / 编著

中国宇航出版社

·北京·

版权所有　　侵权必究

图书在版编目（CIP）数据

零基础学债券型基金从入门到精通 / 股震子编著. -- 北京：中国宇航出版社，2020.10
ISBN 978-7-5159-1847-1

Ⅰ. ①零… Ⅱ. ①股… Ⅲ. ①债券投资－基本知识 ②基金－投资－基本知识 Ⅳ. ①F830.91

中国版本图书馆CIP数据核字(2020)第163662号

策划编辑	田芳卿		
责任编辑	卢 册	封面设计	宇星文化

出版发行	中国宇航出版社		
社　址	北京市阜成路8号	邮　编	100830
	(010)60286808		(010)68768548
网　址	www.caphbook.com		
经　销	新华书店		
发行部	(010)60286888		(010)68371900
	(010)60286887		(010)60286804(传真)
零售店	读者服务部		
	(010)68371105		
承　印	三河市君旺印务有限公司		
版　次	2020年10月第1版		2020年10月第1次印刷
规　格	710×1000	开　本	1/16
印　张	14	字　数	200千字
书　号	ISBN 978-7-5159-1847-1		
定　价	39.90元		

本书如有印装质量问题，可与发行部联系调换

债券型基金：
不应忽视的理财品种

（代序）

时至今日，债券基金都没有得到应有的重视。大多数投资者谈及基金，必谈指数基金、股票基金，甚至货币基金都比债券基金更受重视。究其原因，无外乎这样几点：从避险角度来看，债券基金不像货币基金那样基本没有风险；从收益角度来看，债券基金的收益又不像股票基金那样给人带来广阔的想象空间。总之，债券基金总是给人一种"高不成，低不就"的感觉。其实，这是投资者对债券基金的一个误解。

投资理财，无外乎在风险与收益之间取得平衡。想要获得更高的收益，就必须承担与之相对应的风险。股票基金的收益可能最高，但风险也最大。很多投资者在购买股票基金时，都会衡量风险与收益是否对等。很多投资者自觉风险承受能力没有那么强，于是退而求其次，选择了指数基金，想要获得股市涨跌的平均收益。然而，大家都知道，股市的波动从来没有定数，指数基金同样存在很大的风险，债券基金的风险则相对小了很多。同时，债券基金还有很多细分类别，有些类别或品种能够满足部分投资者追求稍高收益的要求。

其实，债券基金不仅应该成为保守型投资者的选择，更应该成为所有家庭理财资产配置的重要组成部分。相对于偏股型基金来说，债券基金具有更好的防御功能，特别是在股市不景气时，债券基金能起到平衡资产收益的作用。

当然，债券基金投资也不是简单地从市场上随便寻找一个品种或者查看一下债券基金的收益排行榜，选出收益最佳的品种即可，而是需要投资者从自身需求出发，寻找与自己追求目标相适应的投资品种。债券基金品种不同，投资方向也会有所不同，收益更不可同日而语。偏债型混合基金的收益更接近股票型基金，而纯债基金的收益则相对稳定很多，可转债基金因为可转债有特殊的收益托底设置，使得可转债基金日益成为市场的宠儿。

任何种类的基金投资，都不是简单的买入、持有、卖出那么简单，投资者需要对大的经济环境有所认识和了解，通过构建基金组合，运用基金品种和类型的切换，尽量避开某一类型基金的熊市，拥抱牛市。

总之，投资的道路上，从来没有捷径。

目 录

第一章 债券基金，最佳的防御性品种

第一节 为何债券基金拥有更好的防御性 / 3
一、高等级债券组合 / 3
二、低风险、盈利稳定的品种 / 4
三、多组合策略，攻守相宜 / 5

第二节 影响债券基金收益的因素 / 6
一、利率水平 / 7
二、债券标的信用 / 7
三、债券的持有期限 / 8
四、基金经理的眼光和运作水平 / 8

第三节 债券基金投资常用术语 / 10
一、根据违约风险划分：利率债与信用债 / 10
二、根据交易市场划分：场内交易与场外交易 / 11
三、利息、利率、存款准备金率、票面利率、票面面值 / 12
四、贴现、贴现率、贴现息 / 13
五、平价发行、溢价发行、折价发行 / 15
六、债券回购与逆回购、久期、杠杆 / 15

第二章 债券——债券基金的投资标的

第一节 国债 / 19
一、国债的分类 / 19
二、投资国债的优势 / 20
三、影响国债收益的因素 / 21

第二节 金融债 / 22
一、金融债的分类 / 22
二、投资金融债的优势 / 23
三、影响金融债收益的因素 / 23

第三节 企业债和公司债 / 24
一、企业债与公司债的区别 / 24
二、公司债（企业债）的特点 / 25
三、影响公司债（企业债）收益的因素 / 26

第四节 中期票据 / 27
一、中期票据与企业债（公司债）的不同点 / 27
二、中期票据投资特点 / 28
三、影响中期票据收益的因素 / 28

第五节 同业存单 / 29
一、同业存单与其他债券的不同点 / 29
二、同业存单投资特点 / 30
三、影响同业存单收益的因素 / 30

第六节 短期融资券 / 32
一、短期融资券的特点 / 32
二、投资短期融资券的优势 / 32
三、影响短期融资券收益的因素 / 33

第七节　可转债 / 34

一、可转债的特点 / 34

二、投资可转债的优势 / 35

三、影响可转债收益的因素 / 36

第八节　次级债券 / 37

一、次级债券的特点 / 37

二、投资次级债券的优势 / 38

第九节　央行票据 / 39

一、央行票据的特点 / 39

二、央行票据的作用 / 39

第三章　债券基金的分类及盈利模式

第一节　债券基金的分类 / 43

一、按债券占比分类 / 43

二、按债券期限分类——短债基金、超短债基金 / 45

三、特殊的债券基金——可转债基金、定开债基金 / 46

第二节　债券投资的基础——债券信用评级 / 48

一、债券评级机构及评级内容 / 48

二、债券评级明细 / 49

第三节　债券基金收益的构成 / 50

一、票息 / 50

二、净价价差 / 50

三、债券质押式回购 / 51

四、股票价格波动收益 / 52

第四章　债券基金投资入门

第一节　从哪里买基金最划算 / 57
一、从银行买基金 / 57
二、从基金公司买基金 / 58
三、从证券公司买基金 / 59
四、从第三方销售平台买基金 / 60

第二节　基金投资费用知多少 / 61
一、申购与认购费用 / 61
二、持仓费用 / 63
三、赎回费用 / 64

第三节　基金的认购与申购、赎回 / 65
一、基金申购及其规则 / 65
二、基金赎回及其规则 / 66

第五章　三维选择优质债基

第一节　选基金先要选定产品 / 69
一、基金名称：看产品属性 / 69
二、基金名称中的A、B、C / 71
三、基础性评估指标：安全性、流动性、费用率、基金规模 / 72
四、评估基金产品的收益与风险 / 74
五、查看评级机构的评级 / 76
六、评估基金产品业绩表现 / 78

第二节　看业绩选基金经理 / 79
一、了解基金经理的背景 / 79
二、了解基金经理的运作成绩 / 81
三、关注基金经理的变动情况 / 82

第三节　选基金要关注基金公司 / 83

一、了解基金公司的背景 / 83

二、关注基金公司的投资方向 / 84

三、对比基金公司的业绩表现 / 85

第六章　纯债基金投资策略

第一节　纯债基金投资分析 / 89

一、纯债基金投资范围及特征 / 89

二、纯债基金收益影响因素 / 91

三、纯债基金投资风险分析 / 92

四、典型的纯债基金品种——建信纯债 / 93

第二节　纯债基金典型分类——超短债纯债基金 / 96

一、超短债基金的投资范围 / 96

二、超短债基金与普通纯债基金的区别 / 97

三、典型的超短债基金品种——嘉实超短债基金 / 98

第三节　纯债基金典型分类——国债纯债基金 / 101

一、国债纯债基金的投资范围 / 101

二、国债纯债基金与国债的区别 / 102

三、国债纯债基金与普通纯债基金的区别 / 102

四、国债纯债基金品种——工银国债纯债基金 / 103

第七章　混合债券基金投资策略

第一节　混合债券基金投资分析 / 109

一、混合债券基金的投资范围 / 109

二、影响混合债券基金收益的因素 / 111

三、混合债券基金投资风险分析 / 112

四、典型的混合债券基金品种——易方达稳健收益债券基金 / 113

第二节　二级债券基金基本投资策略 / 117

一、二级债券基金的特点 / 117

二、二级债券基金与其他债券基金的区别 / 118

三、典型的二级债券基金——诺安双利债券基金 / 119

第三节　偏债类混合基金基本投资策略 / 122

一、偏债类混合基金的特点 / 122

二、偏债型混合基金与其他债券基金的异同 / 123

三、典型的偏债型混合基金——长安鑫益增强混合型基金 / 124

第八章　可转债基金投资策略

第一节　可转债的核心要素 / 131

一、可转债的债券要素 / 131

二、可转债的特有要素 / 135

第二节　可转债交易规则 / 138

一、申购规则 / 138

二、交易规则 / 139

三、交易费用 / 140

四、交易可转债的要点 / 140

第三节　可转债基金是更好的选择 / 141

一、可转债基金的投资范围 / 141

二、影响可转债基金收益的因素 / 142

三、可转债基金风险分析 / 144

四、可转债基金的配置原则 / 146

五、典型的可转债基金——汇添富可转换债券基金 / 147

六、可转债混合基金——兴全可转债混合基金 / 150

第九章　债券指数基金投资策略

第一节　债券指数基金及优势 / 157

一、债券指数基金的特点 / 157

二、与普通债券基金的不同点 / 158

第二节　债券指数及其典型的基金产品 / 159

一、债券指数及其作用 / 159

二、债券指数编制机构及指数分类 / 160

三、典型的债券指数基金——南方中债10年期国债指数基金 / 162

第三节　债券指数基金投资技巧 / 165

一、识别市场利率运行趋势 / 165

二、全面评估指数 / 166

三、挑选合适的指数基金 / 167

第十章　其他类型债券基金投资

第一节　定开型债券基金投资策略 / 171

一、定开型债券基金的特点及优势 / 171

二、定开型债券基金的风险 / 173

三、定开型债券基金的选择技巧 / 173

四、经典定开债基金品种——中邮定期开放债券基金 / 175

第二节　封闭型债券基金投资策略 / 178

一、封闭型债券基金的特点及优势 / 178

二、封闭型债券基金的风险 / 179

三、封闭型债券基金与定开型债券基金的不同 / 179

四、典型的封闭型债券基金品种——汇安嘉诚一年封闭债券基金 / 180

第三节　LOF债券基金投资策略 / 183

一、LOF基金的基本特征 / 183

二、LOF 基金套利技巧 / 184

第十一章 债券基金基本投资策略

第一节 债券基金投资前的筹划 / 189
一、时间策略：何时入场 / 189

二、品种策略：构建合理的基金组合 / 192

三、仓位策略：仓位设置基本思路 / 194

第二节 投资债券基金的步骤 / 196
一、评估个人理财偏好 / 196

二、确认理财目标与策略 / 197

三、选定债券基金的类型及标的 / 198

第三节 债券基金投资规划 / 200
一、基于养老需求的债券基金投资规划 / 200

二、基于教育需求的债券基金投资规划 / 204

三、保守型家庭的投资理财规划 / 208

四、激进型家庭的投资理财规划 / 210

第一章

债券基金，最佳的防御性品种

　　债券基金是指专门投资于债券的基金产品。当政府、企业或金融机构需要筹措资金时，就会向投资者发行一些债券并约定到期还款日和利率，通常情况下，这些机构发行的债券利率要高于同期的银行利率。也就是说，国债、金融债和信用等级较高的企业债，是债券基金的主要投资方向。当然，债券基金的管理者不是见到债券就去购买，而是会从众多机构发行的债券中挑选利率较高、信用较佳、安全性较好的债券买入。

第一节　为何债券基金拥有更好的防御性

相比货币基金和银行存款，债券基金的收益主要源于购买企业和金融机构发行的债券收益，因而其收益相对更高一些。特别是当宏观经济进入下行通道时，股市也会随之下跌，各国央行为了刺激经济，往往会连续进行降息操作，这就为债券基金赢得了更大的操作空间。在此阶段，债券基金的盈利能力会得到进一步的提升。如图1-1所示。

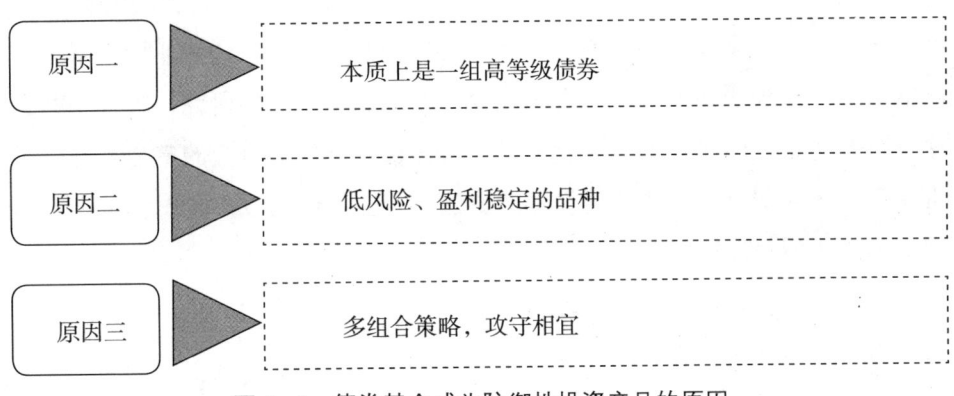

图1-1　债券基金成为防御性投资产品的原因

一、高等级债券组合

通常情况下，债券基金的投资标的包括国债、金融债、高信用等级企业债等。从这些投资标的中可以看出，投资者购买债券基金，实质上就是购买了一组债券的组合。当然，这与投资者自行购买债券有所不同，不同点在于以下几点。

第一，以债券组合的方式体现基金价值。普通投资者想要购买债券，由于资金有限，只能购买某类债券。这时投资者面临的问题通常包括两种：其一，如选择国债等安全性良好的债券，则收益偏低；其二，如选择某类其他债券产品，若出现风险，可能让自己的投资遭受巨大的损失。债券基金通过多种债券的组合，可以在防御投资风险的同时，实现投资价值的最大化。

第二，大资金更容易获得高息债券。目前，普通投资者投资较多的债券产品主要还是国债，毕竟企业债和金融债的发行对象大部分为机构投资者。债券基金由于集合了很多投资者的零散资金，形成了一种体量很大的资金，这些债券基金就可以轻松地获得投资企业债等高息债券的投资机会。比如，手握2500亿元现金的华为公司，2019年多次在国内市场公开发行债券，由于华为债券的信用等级极高，因此被认为是非常优质的债券。但作为普通投资者，却无法直接购买华为公司发行的债券，而很多债券基金就可以直接参与华为发债，并购买华为发行的企业债券。

第三，基金经理代为筛选债券，降低投资风险。目前，市场上很多企业都缺钱，也有很多企业都在发债，但同样属于企业债，其收益水平有明显不同。有些企业发行的企业债利率明显偏高，另外一些企业发行的企业债利率可能会低一些。作为普通投资者，由于缺少对企业和企业债的研究，很难判断到底投资哪些企业债是收益与风险平衡的最佳选择。债券基金的基金经理由于常年研究企业债，所以比普通投资者更熟悉企业的经营发展状况，也更容易回避掉一些债券投资风险。

二、低风险、盈利稳定的品种

在之前的很多年里，债券基金都是一个不被大多数投资者认可的品种，原因很简单：对于保守型投资者来说，债券基金并不是一种稳赚不赔的投资品种；对于激进型投资者来说，债券基金的收益并不理想。大多数时间里，债券基金的年收益率在6%～8%之间，这与股票基金动辄30%左右的收益率根本没法比。但是，随着国内投资市场逐渐走向成熟，人们也越来越重视债券基金的投资价值了。

第一，尽管债券基金短期可能会出现亏损，但从长期来看，肯定是会盈利的，毕竟只要手中持有债券，就肯定会有利息收入。与此同时，从前具有稳定且较高收益的银行理财产品，也不再像以前那样稳赚不赔了，因为央行已经不允许银行发行保本理财产品了。也就是说，购买银行理财产品和购买债券基金的风险差不多，而债券基金的收益可能还要高于银行理财产品。

第二，作为股票型基金的补充，债券基金也将受到很多投资者的欢迎。越来越多的投资者发现，在股市下行趋势中，投资股票型基金获利十分困难，且大部分股票型基金都会出现较大幅度的亏损，此时若能将股票型基金转换成债券型基金，无疑可以在保本的情况下获得相对较好的收益。也就是说，越来越多的激进型投资者也开始重视债券型基金了。

第三，债券型基金可以作为资产组合的重要组成部分。通常情况下，在个人或家庭资产组合中，既应该包括收益与风险较高的股票或股票型基金，也应该包括风险较低、收益稳定的债券型基金。当然，出于日常开支的需要，投资者还需配置一定数量的货币型基金，特别是一些存取灵活、可用于移动支付的基金，比如余额宝、腾讯零钱通等。从资产结构上来说，债券型基金应该成为家庭资产重要的组成部分，且应该根据经济形势适当地调整所占的比重。比如，在经济下行时，适当增加债券型基金所占的比重；在经济开始探底回升后，应该逐步减少债券型基金的持仓。

三、多组合策略，攻守相宜

很多投资者将债券基金看成是一种简单的防御型资产，其实，债券基金的获利形式远比简单获得利息更为丰富。市场上，将持有资产中的 80% 投资于债券的基金，都可称为债券基金。债券基金内部也可以细分为很多种类，包括偏债型基金、短债基金、超短债基金以及可转债基金等。也就是说，除了投资债券，有部分债券基金也会将一部分资产投资于股票或可转债，使得债券基金的收入更加多元化，资产收益能力得到很大程度的强化。

在债券基金的投资组合中，有几种资产组合需要特别关注。

第一，纯债型基金。该类基金的资产几乎全部用于投资各类债券资产，如国债、金融债和高信用等级的企业债等。

第二，债券与股票混合型基金。这类基金的资产大部分投向债券，还有一部分投向股票，但股票所占仓位比例不高。由于股票的价格波动较为剧烈，而通过债券对股票收益的平衡作用，可以使得在股市上升期收获较高的收益，在股市下降期又能起到平抑股票跌幅的作用。

第三，可转债资产也是债券基金一个重要的投资方向。当然，可转债资产的收益与股票价格走势密切相关，当股市上升时，可转债价格也会随之走高；反之，当股市下跌时，可转债因其仍可获得固定的票面利率，从而确保收益的稳定。也就是说，从长期来看，可转债资产是一种可以保底的资产。

总之，在债券基金中，投资者可以根据自身的投资风格和风险偏好，找到合适的债券基金品种。

第二节 影响债券基金收益的因素

债券基金的主要投资对象为各类债券资产，当然，也有一些债券基金会将部分资产投资于股票或可转债等资产，这部分债券的收益，会受到股票市场的影响，这种情况后面会详细分析。这里重点研究将债券作为投资对象的债券基金的收益影响因素，主要包括以下四点。如图 1-2 所示。

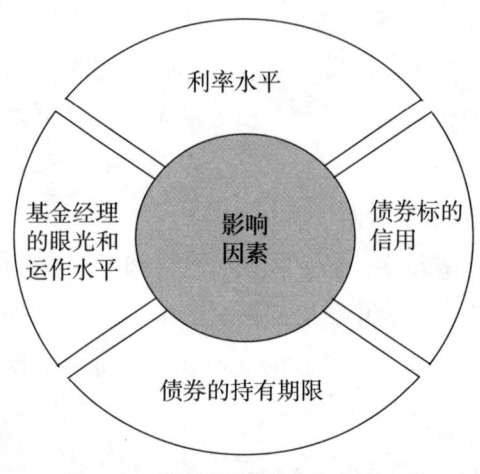

图 1-2 影响债券基金收益的因素

一、利率水平

利率水平是影响债券基金收益的首要因素。与普通投资者对利率与债券基金收益的关系的理解不同，在债券市场上，通常利率走低时，债券基金的收益才会提升，且越是长期债券，收益越高；反之，当利率上行时，债券基金的收益则很难获得提升。当然，即使利率上扬，债券基金从长期持有来看也不会亏损，毕竟只要手里握有债券，就会收回本金和利息，且新购进的债券利息更高。

这里有一个问题投资者需要弄清楚，即债券基金并不只是债券基金经理将募集到的资金全部用于购买债券这么简单。在实际操作过程中，债券基金的基金经理首先会将募集到的资金用于购买债券，同时，基金经理必须预留 5% 左右的现金，用于应对投资者的日常赎回操作。其后，基金经理会将拿到手的债券进行质押式回购，也就是用借来的钱再购买债券。由于质押式回购需要支付一定的利息，这个利息是浮动的，而自己买入债券的票面利率是固定的（大部分债券有固定的票面利率，也有一些国债、金融债的利率是浮动的），这就构成了债券基金一个重要的利润来源，即利差。也就是说，当利率下调时，债券基金获得资金的成本降低，而购入并持有的债券票面利率固定，利润空间增大，获利提升；反之，当利率上行时，债券基金通过质押式回购获得资金的成本上升，利润空间减少，获利水平降低。这里还有一点非常关键，就是即使利率水平上升，债券基金的获利能力也仅仅是降低而已，而非亏损。也就是说，买入债券基金，大部分情况下需要考虑的问题只是收益高低，而非亏损和盈利的问题。

二、债券标的信用

债券标的的信用也是影响债券收益的一个重要因素，这并不是说基金购入的债券信用等级越高，基金的收益就越高。

比如，市场上有甲乙两家企业，其中甲企业的信用状况良好，乙企业的信用状况较差。现在甲乙两家企业都要对外发行债券，若采用相同的票面利率，那么投资者肯定都会购入甲企业的债券，因为他的信用良好，一般不会出现违约等不良问题。同时，因为担心乙企业的信用状况和偿债能力，很多债券基金都会对其望而却步。因此，乙企业为了顺利发债，获得现金流，就不得不提高债券的票面利率。也就是说，乙企业为了成功发行债券（债券有人购买），就不得不提高债券的票面利率。换句话说，债券基金持有的企业债券中，信用等级相对较低的债券多，收益可能会更高；反之，若持有的债券全部属于高信用等级债券，收益反而会少。

当然，债券信用等级的问题，还涉及到风险和收益平衡的问题。债券基金要想获得更高的收益，就需要购买一些低信用等级的企业债，而这类债券又可能存在无法兑付的风险。总之，债券基金在购买债券时，需要平衡这种风险与收益的问题。

三、债券的持有期限

债券持有期限也是影响债券基金收益的重要因素。正常情况下，债券的期限（持续期）越长，利率水平就会越高，这就意味着以投资长期债券为主的纯债债券基金的收益，通常要好于投资短期债券为主的超短债债券基金。然而，事实上，投资于长期债券的纯债基金面临的风险，却远远高于投资于短期债券的超短债基金。

俗话说"夜长梦多"，投资领域也存在这种现象。债券存续期越长，债券持有人面临的风险也越大。特别是在经济环境不确定的情况下，更是如此。当国民经济处于强劲的上升周期时，各国央行为了抑制投资过热，会采取加息的调控策略，此时，对于持有长期债券的纯债基金来说，并不是一个有利的消息，其收益可能会出现下滑，而超短债基金受到的影响要小很多；反之，当经济处于下行通道时，各国央行会频繁降息，投资长期债券的纯债基金的收益将会增加，超短债基金的收益就会低于纯债基金。

四、基金经理的眼光和运作水平

市场上的债券产品有很多种，即使同属于企业债，由于企业信用等级不同，收益也不同，基金面临的风险也不同，这个时候就是考验基金经理投资水平的时候了。一方面，基金经理需要通过合理的资产组合提升资产运营效率和盈利水平；另一方面，基金经理还需防御企业债可能对整个债券基金带来的风险。比如，最近几年发生的东北特钢债券连续违约事件，投资该企业债的债券基金都蒙受了较大的损失。

同时，债券基金经理还可以通过质押式回购等杠杆交易方式扩充债券基金的持仓仓位，以获得更高的投资收益。

通常情况下，投资者可以通过基金网站查看债券基金的投资组合情况。表1-1所示为建信纯债的资产组合。

表1-1 建信纯债的资产组合

序号	债券品种	公允价值	占基金净值比重（%）
1	国家债券	67,074,944.00	3.34
2	金融债券	308,951,016.60	15.37
3	企业债券	323,781,400.00	16.11
4	企业短期融资债	671,431,910.00	33.41
5	中期票据	933,642,600.00	46.45
6	同业存单	97,210,000.00	4.84
7	合计	2,402,091,870.60	119.51

（资料来源：建信基金网站）

从表1-1中可以看出，中期票据、企业债和企业短期融资债等企业债券类产品所占比重较高，这在一定程度上能够保证债券基金的收益较好。当然，企业债也存在一定的风险因素，其风险主要与债券发行企业有关。

投资者还可以进一步查询该债券基金持仓的具体债券，如表1-2所示。

表1-2 建信纯债的五大持仓债券

序号	债券代码	债券名称	数量（张）	公允价值	占基金净值比重（%）
1	190215	19国开15	2,000,000	197,960,000.00	9.85
2	101900981	19建安投资MTN003	700,000	71,176,000.00	3.54

（续表）

序号	债券代码	债券名称	数量（张）	公允价值	占基金净值比重（%）
3	101660004	18陕有色MTN001	500,000	51,045,000.00	2.54
4	041900033	19冀中能源CP002	500,000	30,375,000.00	2.51
5	155732	19绵投01	500,000	50,345,000.00	2.50

（资料来源：建信基金网站）

通过表1-2可以看出，建信纯债投资占比最高的债券并不是企业债，而是国开行的金融债，这类债券的收益不如企业债，但安全性明显高于企业债。该基金持仓比例最高的企业债，其持仓比重都不到4%，这说明该基金为防御投资风险做了较为充足的准备。

第三节 债券基金投资常用术语

投资债券基金常用的术语有很多，为了便于投资者理解，本节先对这些术语进行简单的梳理。

一、根据违约风险划分：利率债与信用债

根据债券违约风险和利率调整方式的不同，可以分为利率债和信用债。

1. 债券覆盖范围

下面先来说说利率债和信用债涵盖的基本范围。

（1）利率债。

利率债是指债券利率随市场利率波动而波动的债券。通常情况下，利率债多指国债、地方政府发行的债券、政策性金融债和央行票据等。这里的政策性金融债是指三大政策性银行（国家开发银行、中国进出口银行和中国农业发展银行）发行的金融债。

（2）信用债。

信用债是指基于信用关系、由政府机关之外的主体发行的约定了确定的本息偿付现金流的债券。包括企业债、公司债、短期融资债、中期票据以及普通商业银行（含非银金融机构）发行的债券等。

2. 利率债和信用债的区别

利率债和信用债存在明显的区别，具体来说包括以下几点。

第一，利率债的发行人由国家或地方政府背书，这类债券基本不存在信用风险，几乎等同于无风险债券。信用债的发行人基本没有国家或政府背书，基金公司或投资者购买其发行的债券时，需要考虑发行人的信用状况。

第二，利率债的收益主要受国家利率变动的影响，包括长短期利率、国家经济状况、通胀率、流通中的货币量等，也就是说，利率债的利率水平会随着国家利率的变动而变动。信用债的收益在债券发行时就已经确定了，不会因为利率政策的变动而发生变动。

第三，风险与收益水平不同。利率债属于安全等级非常高的债券，几乎等同于无风险，因而其利率水平通常也较低，一般仅比银行存款利率水平高一些。信用债的安全等级则要低于利率债，因而债券基金需要承担一定的风险，收益也要远远高于利率债。由于信用债风险较高，所以很多金融机构在做质押式回购时，仅要求提供利率债。这也是尽管利率债收益水平较低，但每家债券基金都会配置一定比例利率债的原因所在。

二、根据交易市场划分：场内交易与场外交易

目前，债券交易的场所主要分为场内市场和场外市场两种。

1. 场内市场

场内市场，目前主要是指上海证券交易所和深圳证券交易所两个市场。其中，上海证券交易所交易的债券总量占场内市场交易总额的90%以上。投资者可通过证券交易系统购买在上海证券交易所上市的债券。相比上海证券交易所，深圳证券交易所上市的债券品种要少很多。

2. 场外市场

场外交易市场，即业界所称的 OTC 市场，又称柜台交易市场。场外市场没有固定的交易场所，也没有固定的会员资格和规范的交易制度，由交易双方在银行或证券公司营业部等机构完成交易。大部分交易标的为国债产品，由双方协商交易价格。

除了上述两类市场外，还存在一个相对特殊的交易市场，即银行之间交易的市场。银行与银行之间可进行国债、地方政府债以及企业债等债券交易活动，以改善银行间的货币流通和供应量。

三、利息、利率、存款准备金率、票面利率、票面面值

1. 利息

利息是指货币在一定时间内的使用费，指货币持有人向债务人出借货币后所获得的报酬。通常情况下，利息包括存款利息、借款利息和各种债券发生的利息等。用通俗的话来讲，利息就是因存款、放款而得到的本金以外的收入。

2. 利率

利率是指利息额与借贷金额之间的比例。利率是决定企业资金成本高低的主要因素，也是企业融资、投资的决定性因素。通常情况下，利率走高，企业融资、投资的意愿就会下降，因为企业融资、投资取得的利润可能存在不够支付利息的情况。反之，当利率下降时，企业融资、投资的意愿就会增强，毕竟获得资金的成本较低，投资后收获的利润弥补利息也会相对容易。

正因为利率具有调控社会经济发展的作用，因而成为各国央行调控经济发展的重要工具。我们经常听说央行降息或降低存款准备金利率等消息，这些都是政府调控经济的措施。

一般来说，存贷款利率水平还与存款或贷款的时间长短有重要关系。存款时间越长，利率水平越高；反之，则越低。

3. 存款准备金率

存款准备金是各大金融机构为保证客户提取存款和资金清算的需要而准备的款项，是缴存在中央银行的存款。中央银行要求的存款准备金占存款总额的比例就是存款准备金率。存款准备金率上调，意味着各家金融机构向外发放贷款的额度下降，社会上流通的资金就会减少；反之，存款准备金率下调，则社会上流通的资金就会增加。

正因为如此，存款准备金率和利率经常被央行拿来作为调控经济的重要工具。

4. 票面利率

这里所说的票面利率，指的是债券的票面利率，是指债券发行人每年向投资者支付的利息占票面金额的比率，它在数额上等于债券每年应付给债券持有人的利息与债券面值相除的百分比。

债券的票面利率是在债券发行时就已经约定好的。作为债券发行人的企业，在发行债券前，肯定会考虑一个合适的利率，一方面能够降低自身的融资成本，另一方面还要能够吸引足够的外部投资者购买债券。

5. 票面面值

票面面值是指债券发行人承诺在未来某一特定日期偿还给债券持有人的金额。票面面值包括金额和货币单位。货币单位既可以用本国货币单位，也可以用外币单位，这取决于债券发行人的需求。目前，大部分企业发行债券的票面面值为 100 元。

四、贴现、贴现率、贴现息

下面介绍的是金融领域常用的一些术语，也可能用于债券投资领域。

1. 贴现

贴现是指债券持有人或收款人将未到期的债券（商业承兑汇票或银行承兑汇票）背书后转让给受让人，银行按票面金额扣去自贴现日至汇票到期日的利息并将剩余金额支付给债券持票人（出让人）。商业汇票到期，受让人凭票向该汇票的承兑人收取款项。债券持有人或收款人选择了贴现，就意味着不可避免地会受到一些利息、手续费的损失。

债券贴现是债券持有人在债券到期前以贴付利息的方式向贴现公司或银行转让债券、兑取现金的融资活动。债券贴现对于持有者来说是出让债券，提前收回投资，因而必然会损失一定的利息收入。

2. 贴现率

贴现率是指投资者或债券持有人需要将手中的债券变现，相关金融机构需要扣除未到期利息时所使用的利率。贴现率通常都会高于票面利率，因为这里涉及一些未来现金变现的问题。贴现率一般按人民银行规定的再贴现利率执行，通常会略低于贷款利率。

3. 贴现息

贴现息，从字面意思来理解，即为个人或机构倒贴给银行的利息。比如，投资者购买了一款三年期的国债产品，持有国债并未到期，因个人需要现金，不得不将其出售给银行时，就不可能拿到全额的本金和利息。此时，投资者就需要将未到期部分的利息贴给银行。

比如，一款三年期国债产品，持有国债票面金额总计为100万元，月利率为6‰。投资者持有该国债产品两年后，因需要现金，不得不将其贴现。假如贴现率为每月7‰，则需要先计算到期时国债的总值。

国债总值 =100×（1+36×6‰）

=121.6万元

贴现息 =121.6×（12×7‰）

=10.21万元

那么，投资者贴现后，拿到手中的本息合计：

本息合计 =121.6−10.21

=111.39万元

五、平价发行、溢价发行、折价发行

通常情况下，企业或其他机构发行债券时，债券的票面会注明一定的金额，即票面面值。不过，在正式发行时，也存在发行价格与票面面值不同的情况。

1. 平价发行

平价发行，又叫等额发行或面额发行，是指发行人以票面金额作为发行价格的行为。目前，大多数债券都属于平价发行，即按照票面金额进行发行。

2. 溢价发行

溢价发行，即以高于票面金额的价格发行债券，到期仍以票面金额偿还。债券能够溢价发行，通常是由于债券相对收益率较高，投资者或投资机构踊跃购买造成的。比如，当债券的票面利率大幅高于市场利率时，债券溢价发行实质上就是一种对票面利率的调整。

3. 折价发行

折价发行与溢价发行相反，是以低于票面金额的价格发行债券，到期仍以票面金额偿还。债券折价发行，肯定有其背后的原因。一般来说，大致有两种情况可能导致债券折价发行：其一，债券的票面利率与市场利率相比不具优势，甚至低于市场利率，发行方为了吸引投资者购买，弥补投资者的利率损失，不得不采取折价发行的方式；其二，发行方的信用等级相对较低，不用折价的方式发行债券，投资者就不愿意购买该债券。

六、债券回购与逆回购、久期、杠杆

债券基金在运作过程中，不只是将资金换成债券那么简单，还会通过质押、回购等方式，提升资金的利用效率。

1. 债券回购与逆回购

通常情况下，债券交易双方在进行债券交易的同时，会以契约的方式约定债券发行方回购债券的期限和本金。其中，债券发行方（正回购方）向债券买入方（逆回购方）再次回购该债券的行为，就被称为正回购（或回购）。比如，债券发行企业在债券到期前就开始从市场或投资者手中赎回债券，则称为"正回购"或"回购"。在股市中，经常有上市公司发出股票或债券的回购行动，就是要把发行在外的股票或债券买回来。

将上述定义引申至资金使用领域。凡是将债券出借（抵押）并获得资金的行为，都可以称之为正回购；凡是主动出借资金获得债券的行为，都可称之为逆回购。从这一点来看，就可以明白央行为了释放市场的流动性，会经常进行逆回购的操作。比如，央行为了释放流动性，可以主动向一些银行或证券公司购买债券，以增加市场上的货币量，这就属于典型的逆回购操作。同时，债券基金主动将手中的债券抵押给银行以获得资金的行为，就是回购操作。

2. 久期

久期，即持续期，是指债券在未来产生现金流的时间的加权平均，其权重是各期现金流现值在债券价格中所占的比重。从本质上来说，久期是一种时间加权平均概念，越是长债基金，其持仓债券的久期越长；越是短债基金，其持仓债券的久期越短。久期的计算涉及到现金流折现以及加权平均等问题，本书不作展开讲解。

3. 杠杆

杠杆是指将借到的货币追加用于现有投资上。目前，很多债券基金都使用杠杆投资的方法，即通过将手中持有的债券抵押给金融机构以获得货币资金，然后用获得的货币资金再次买入债券，这也是很多债券基金的持仓总额超过100%的原因所在。

第二章

债券——债券基金的投资标的

目前，市场上流通的债券基金可以持有的债券品种较多，具体来说，一般包括但不限于这几个品种，即国债、金融债、企业债（公司债）、中期票据、同业存单、短期融资券、可转债、次级债券、央行票据等。

本章旨在对债券基金的各类投资标的进行介绍，以帮助投资者对各种债券有一个简单的认识。

第一节　国债

国债是中央政府出于某种需要为筹集财政资金而发行的一种政府债券。国债由中央政府发行，并承诺在一定时期支付本金和利息。从信用角度来看，国债是信用等级最高、安全性最高的债券，在一定程度上属于无风险债券。

一、国债的分类

国债的种类非常多，目前，国内发行的国债种类包括国库券、国家重点建设债券、财政债券、特种债券、定向债券、保值债券、转换债券等。按照分类方法的不同，可将国债分为不同的类别。

1. 按购买方式划分

按照购买与记名方式的不同，可将国债划分为无记名式国债、凭证式国债、记账式国债三种。

（1）无记名式国债，又称实物国债，是一种票面上不记载债权人姓名、单位名称等信息，以实物券面形式记录债券的国债。这是我国发行历史最长的一种国债。在无记名式国债中，最著名的品种当属国库券。这种国债在票面上会标明债券的金额，如100元、500元、1000元不等。这类国债不记名、不挂失，与货币的特征相似。

（2）凭证式国债。

凭证式国债主要面向个人投资者发行。投资者可以通过银行柜台（含储蓄网点、邮政储蓄部门等）办理。在购买国债时，发行点会填制凭证式国债收款凭单，其内容包括购买日期、购买人姓名、购买券种、购买金额、身份证件号码等。凭证式国债的办理手续和银行办理定期存款手续类似。因其与固定期限存款相似，也被称为储蓄式国债，但其利率要高于同期的银行存款。

（3）记账式国债。

记账式国债又名无纸化国债，是由财政部通过无纸化方式发行的、以电脑记账方式记录债权并可以上市交易的债券。

投资者既可以通过证券公司，又可以通过银行柜台购买此类记账式国债。

a. 银行系统。一般来说，拥有网上银行账户的投资者，通过网银购买记账式国债更省事、快捷，而且通过银行购买记账式国债是不收取手续费的。

b. 证券公司。拥有证券公司账户的投资者，可以像交易股票一样买卖记账式国债。当然，通过证券公司交易任何证券，本质上都是一种委托式交易，即由证券公司的交易席位代为执行交易指令，因而这些交易都会收取一定数额的手续费或佣金。

相比其他国债产品，该产品具有无纸化发行、电脑记录债权、流通性好、可上市交易等特点。

2. 按偿还期限不同分类

按偿还期限不同，可将国债分为定期国债和不定期国债。

（1）定期国债，是指国家有严格发行期限的国债，包括短期国债（1年以内）、中期国债（1年以上、10年以下）和长期国债（10年以上）。

（2）不定期国债，即国家并未规定还本付息期限的国债，债券持有人在债券存续期可以一直获得利息收入。目前，国内还没有发行过这类国债。

二、投资国债的优势

国债是很多债券基金的重要持仓标的，其具有如下几个显著特征，如图2-1所示。

第一，拥有极高的信用等级，具有很高的担保价值。因为国债产品的信用等级为最高级，因而无论是担保还是变现都非常容易。很多债券基金买入国债产品后,经常将其质押并回购债券,以提高资金的使用效率,提升盈利能力。个人投资者也可以通过抵押国债向银行申请贷款。

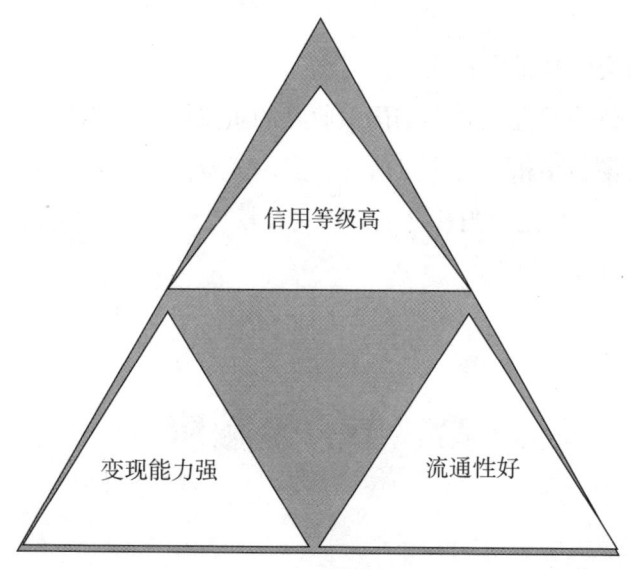

图 2-1 投资国债的优势

第二,具有极强的变现能力。国债持有未到期时,也可以将国债提交给银行进行贴现。当然,此时贴现,投资者肯定会损失一定的利息收入。

第三,流通性好。国债特别是记账式国债,可以像股票一样自由交易,投资者可以通过交易国债获得价差收益。

三、影响国债收益的因素

国债,本质上作为一种债券,其收益主要受以下几个因素的影响。

第一,市场利率。

市场利率是制约国债利率的最主要因素。市场利率是指市场上各种证券的平均利率水平。通常情况下,国债的利率水平可以低于市场利率水平,这是由于国债安全性较高,市场上的投资者愿意以低于市场利率的水平购入国债。

第二,银行利率。

银行利率与市场利率并不完全一致,但市场利率会围绕银行利率波动。同时,国债的利率也会以银行利率作为基准,一般略高于银行利率,但不会高太多。

第三,社会资金供求状况。

社会资金供求状况也是影响国债收益的重要因素。当社会上流动资金较为宽裕时,市场利率相对就会走低,很多闲置资金就会热衷于投资国债,促使国债收益走低;反之,当社会上流动资金较为紧张时,市场利率相对较高,国债利率相对也会走高。

第二节 金融债

金融债是指由银行或非银金融机构依照法定程序发行的在约定期限内还本付息的有价证券。目前,在债券投资领域,金融债特别是政策性金融债,被认为是安全性仅次于国债的债券产品。

一、金融债的分类

目前,金融债主要分为三个主要的类型。

第一,政策性金融债。政策性金融债,是指由国家开发银行、中国进出口银行、中国农业发展银行等三大政策性银行发行的债券。2015年3月,国务院明确国开行定位为开发性金融机构,正式从政策性银行的序列剥离,但在银监会的统计中,目前仍将国开行与其他政策性银行并列。

第二,商业银行金融债。商业银行金融债,是指由各家商业银行发行的普通债券、次级债券、混合资本债券和小微企业专向债券等。

第三,非银金融机构金融债,即非银金融机构发行的各类债券。非银金融机构包括证券公司、保险公司、财务公司、金融租赁公司以及其他金融机构等。

二、投资金融债的优势

金融债是一种相对特殊的债券,具有如下几个显著的优势,如图2-2所示。

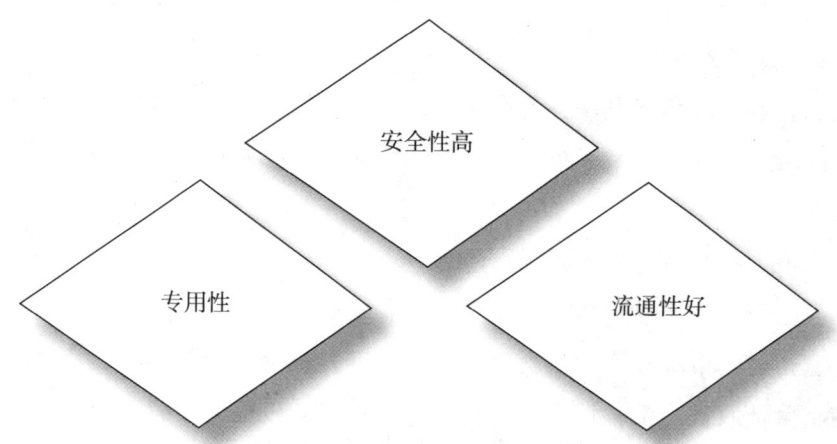

图2-2 金融债投资的优势

第一,安全性高。金融债是一种比普通企业债券信用等级更高的债券,其信用度仅次于国债。当然,金融债还要区分政策性金融债和普通商业银行的金融债,相比较而言,政策性金融债的安全性几乎可以等同于国债,而收益又高于国债。普通金融债的安全性则要弱于政策性金融债。

第二,专用性。通过金融债募集的资金一般都是专款专用,有专门的指向性。比如2020年3月12日,北京银行针对新冠疫情发行了总额400亿元的抗疫主题小微金融债券,该债券主要是用于向受疫情影响的中小企业和小微企业提供贷款。

第三,流通性较好。金融债券不能提前兑现,但可以用于抵押或上市流通。

三、影响金融债收益的因素

影响金融债收益的因素与国债相似,主要包括以下几点。

第一,市场利率。

市场利率是制约金融债票面利率的最主要因素。金融机构在发行金融债前,需要了解市场利率水平。当然,政策性金融债的利率相对会略低于普通的金融债，这是由各类债券安全性不同造成的。与企业债和国债相比，金融债的安全性较好，利率水平又高于国债，因而金融债常常成为很多纯债基金的重仓标的。比如，建信纯债的第一重仓债券就是政策性金融债"19国开"，持仓占比接近10%。

第二，银行利率。

银行利率与市场利率并不完全一致，但市场利率会围绕银行利率进行波动。同时，金融债的利率也会以银行利率为基准，略高于银行利率，但不会高太多。

第三，社会资金供求状况。

社会资金供求状况也是影响金融债收益的重要因素。当社会上流动资金较为宽裕时，市场利率相对会走低，很多闲置资金就会热衷于投资金融债，促使金融债收益走低；反之，当社会上流动资金较为紧张时，市场利率相对较高，金融债利率相对也会走高。

第三节　企业债和公司债

对于市场上的大部分债券基金来说，公司债和企业债都是主要的投资标的。

一、企业债与公司债的区别

公司债券和企业债券都是公司或企业依照法定程序发行的、约定在一定期限还本付息的有价证券。从本质上来说，企业债与公司债并没有根本上的不同，具体来说，二者的区别主要包括但不限于以下几个方面。

第一，二者的发行主体有所不同。公司债是由股份有限公司或有限责任公司对外发行的，而企业债则是由国企、央企或国有控股企业发行的。

第二，流通场所不同。公司债的流通场所主要为证券交易所，对外开放的难度较大；企业债主要在银行间流动，且企业债的利率最高幅度为不超过同期银行存款利率的 40%。

第三，信用不同。相比较而言，公司债的信用基础不及企业债，毕竟企业债大都有国资背景。

二、公司债（企业债）的特点

公司债（企业债）作为一种非常常见和普通的债券，具有如下几个特点，如图 2-3 所示。

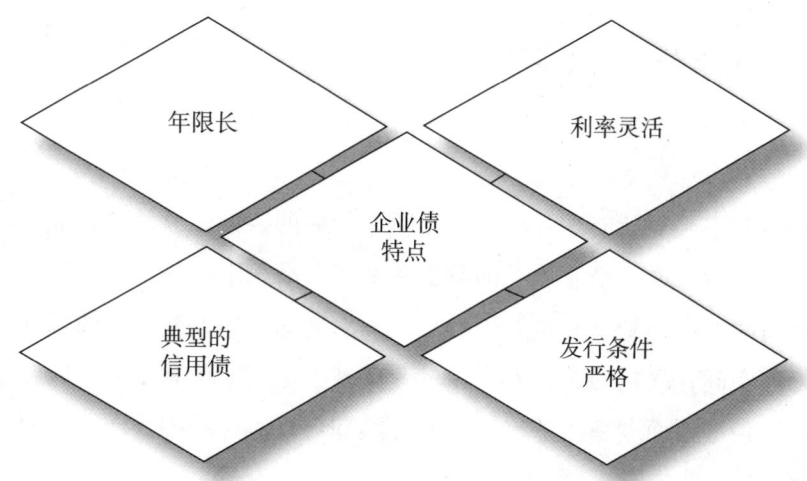

图 2-3 企业债（公司债）的特点

第一，公司债（企业债）发行的最长年限为 5 到 10 年。较长的年限比较有利于企业的资金运作。

第二，公司债（公司债）的票面利率可以有多种选择，包括固定利率、浮动利率、累进利率等三种。固定利率，即在偿还期内利率固定不变；浮动利率，即在偿还期内利率随着市场利率的波动而浮动；累进利率，即随着债券期限的增加，利率累进增加。目前，市场上普通的企业债仍是以固定利率为主，可转换债券则采用累进利率的形式较多。

第三，企业债（公司债）的发行条件相对比较严格。比如，发债前必须连续三年实现盈利，累计债券余额不超过净资产的 40% 等。

第四，企业债（公司债）与国债不同，属于完全的信用债，风险性和收益性都要高于国债、金融债。同时，由于市场上发行的企业债（公司债）数量众多，企业的经营状况千差万别，这都需要债券基金或投资者加以甄选。特别是近年来，有很多企业债（公司债）出现了违约事件，一些债券基金损失较大，因而，投资者在选择债券基金时，还要对债券基金所持仓的企业债有所关注和了解。毕竟，有些债券基金经理为了获得更高的收益，会选择购入信用等级相对较低的公司债（这类债券利率较高）来抬升整个债券基金的收益。

三、影响公司债（企业债）收益的因素

影响公司债（企业债）收益的因素，主要包括以下几点。

第一，市场利率。

市场利率是对所有债券收益产生重要影响的因素，但其对企业债券的影响更大。一般来说，企业债券的票面利率都会高于市场利率，因而，当市场利率上行时，市场利率和企业债券票面利率之间的价差变小，债券基金就失去了操作空间，间接导致债券基金的收益减少。当市场利率下行时，市场利率和企业债券票面利率价差增大，基金经理可以通过质押式回购债券等方式放大债券的收益。

第二，信用等级。

信用等级也是影响债券基金收益的主要因素。信用等级对债券基金收益的影响包括两方面：其一，直接的利率影响。信用等级低的企业在发行债券时，往往会以高于其他企业债券利率的方式发行，否则，其债券可能缺少购买方。正因为如此，购入该类债券的债券基金的收益可能要好于其他债券基金；其二，信用违约的影响。企业债（公司债）的本质是一种信用债，若企业无法按期承兑债券时，就构成了违约，对债券基金的影响将会非常大。这也是债券基金的持仓中，很少有占比过高的企业债的原因所在。

第三，社会资金供求状况。

社会资金供求状况同样也是影响企业债收益的重要因素。当社会上流动

资金较为宽裕时,市场利率相对就会走低,企业发行债券相对较为容易,债券利率相对较低。反之,当社会上流动资金较为紧张时,市场利率相对较高,企业为了顺利发债,就不得不提高债券的票面利率水平。

第四节 中期票据

中期票据是一种独特的公司债务工具,与企业债(公司债)既有相同的一面,也有一些不同的特点。目前,凡是具有法人资格的非金融企业均可发行。

一、中期票据与企业债(公司债)的不同点

中期票据与企业债(公司债)同属于企业的融资工具,但存在很多不同点。具体来说,包括以下几个方面。

第一,发行管理部门不同。中期票据的管理部门为中国人民银行,而企业债的发行主管部门为发改委。

第二,审核方式不同。中期票据的审核方式为注册发行,更具市场化,即企业向央行提交中期票据发行申请后,获得注册即可发行,注册信息包括注册金额及期限、承销机构等。企业债券的审核方式为直接核准制,企业提交发行申请后,需要由企业的主管机关代为向发改委申请,经批准后可一次性发行限定额度的债券。

第三,发行期限不同。这是中期票据与企业债券最主要的不同点。中期票据的发行期限一般为2~10年,其中以5年为主。企业债券的发行期限一般为3~10年,以10年为主。

第四,发行市场不同。中期票据主要在银行间债券市场流通,企业债券可在银行间债券市场和证券市场流通。

第五,利率水平的确定方式不同。中期票据的发行利率一般会随着市场利率波动,企业债券的票面利率则是企业发行方根据市场情况确定的,只要

不高于国家限定标准即可。

二、中期票据投资特点

相比于企业债和公司债，投资中期票据具有如下几个特点。

第一，对于中期票据的发行人来说，中期票据的融资资金可以用于补充流动资金，置换银行贷款，支持项目建设和战略并购等。对于信用状况良好的企业来说，发行中期票据的成本要低于银行贷款，因而会有更多信用状况良好的企业以发行中期票据的方式替代银行贷款，这对银行来说也是一个挑战。对于投资中期票据的债券基金而言，这类票据的信用度较佳，利率水平较高，因而很多债券基金都持有数量较大的中期票据。

第二，由于中期票据的期限较短，因而其变现速度和能力都要高于企业债券。尽管其票面利率可能略低于企业债券，但仍可作为债券基金的理想投资标的。特别是中期票据的期限一般为2～10年，这一期限比较契合很多债券基金投资的特点。

第三，由于越来越多的企业倾向于发行中期票据，债券基金可选择的空间也越来越大，这都为债券基金选择高信用度、高利率的中期票据提供了操作空间。

三、影响中期票据收益的因素

影响中期票据收益的因素，包括以下几点。

第一，市场利率。

市场利率是制约中期票据利率最主要的因素。由于中期票据的利率水平是随着市场利率波动的，因而市场利率水平直接影响债券基金的收益。

第二，信用等级。

与其他企业债券相同，信用等级也是影响中期票据收益的主要因素。最近几年，中期票据违约事件也时有发生。例如，2019年7月15日，中城建15亿元的"2015年度第一期中期票据"未能按时付息，构成了债务违约。2020年3月9日，中信国安因流动资金紧张，未能按期支付16亿元的中期票据利息，构成了债务违约。债务违约可能会造成债券基金收益大幅损失，需要投资者特别注意。当然，一般情况下，信用等级较低的中期票据收益会高一些，而一些高信用等级中期票据的违约对债券基金的影响更大。比如，前面提及的中城建，本身为"中"字头企业，属于信用等级较高的中期票据，其违约对市场的影响很大。

第三，社会资金供求状况。

社会资金供求状况同样也是影响中期票据收益的重要因素。当社会上流动资金较为宽裕时，市场利率相对就会走低，企业发行中期票据相对较为容易，利率相对较低。反之，当社会上流动资金较为紧张时，市场利率相对较高，企业为了顺利发行中期票据，就不得不提高利率水平。

第五节　同业存单

同业存单是指存款类金融机构在全国银行间市场发行的记账式定期存款凭证，其投资和交易主体为全国银行间同业拆借市场成员、基金管理公司及基金类产品。通常情况下，同业存单多为金融机构用来补充短期流动性的融资工具。大部分同业存单的期限较短，从一个月到一年不等。可按固定利率执行，也可按市场浮动利率执行，央行还会给出指导性的同业拆借利率。

一、同业存单与其他债券的不同点

作为一种短期融资工具，同业存单与其他债券有着显著的不同点。具体来说，包括以下几点。

第一，发行主体范围较小。同业存单的发行主体为银行类金融机构，普通企业不具有发行同业存单的资格。

第二，目的性较为单一。同业存单是银行间用来补充短期流动性的金融工具，不像其他企业债券那样可以为企业的运营提供支持。

第三，期限较短。银行发行的同业存单多为短期融资工具，通常存续时间较短，1个月、2个月期限的同业存单较多，最长不超过1年，而其他企业债券的存续期限都比较长。

第四，与中期票据一样，在发行备案额度内，可以自行确定每期同业存单的发行金额、期限，但每期发行金额不得低于5000万元。

第五，同业存单中还有一类属于定向存单，即发行时已经指向了特定的投资者，即使这些投资者想要转让同业存单，也只能在特定群体之间转让。

二、同业存单投资特点

作为债券基金的主要投资标的，同业存单具有如下几个特点。

第一，同业存单为银行等金融机构发行，具有较高的信用等级，而且很多短期同业存单的利率相对比较可观，因而常常成为债券基金的持仓标的。特别是银行系统引入LCR考核后，对商业银行的流动性提出了很高的考核要求，商业银行为了补充短期流动性，常常通过发行同业存单来提升短期流动性。

第二，由于同业存单的存续期限非常短，债券基金持有同业存单具有很强的短期变现能力，同时，基金经理又可以根据同业存单的市场利率情况调整持仓仓位。

第三，同业存单对于债券基金应对短期赎回具有一定的保障作用。若债券市场不景气，为了应对可能出现的流动性紧缩和投资者的赎回操作，保持一定比例仓位的同业存单就显得非常有必要了。

第四，相比于其他债券，同业存单更为安全。特别是在很多债券暴雷的情况下，同业存单的安全性更容易获得投资者的青睐。

三、影响同业存单收益的因素

债券基金投资同业存单的收益，受以下几个因素影响，如图2-4所示。

第一，流动性是影响同业存单收益的最主要因素。通常情况下，银行业对发行同业存单都具有较为旺盛的需求。即使银行的短期流动性充裕，也可能通过发行同业存单获得更高的流动性，然后购置理财产品，以获得投资价差。当然，也正因为如此，很多银行购买理财产品后，短期流动性趋紧，还会继续发行同业存单。当之前的同业存单到期后，理财产品可能还没有到期，此时银行就不得不继续发行同业存单，如此往复。

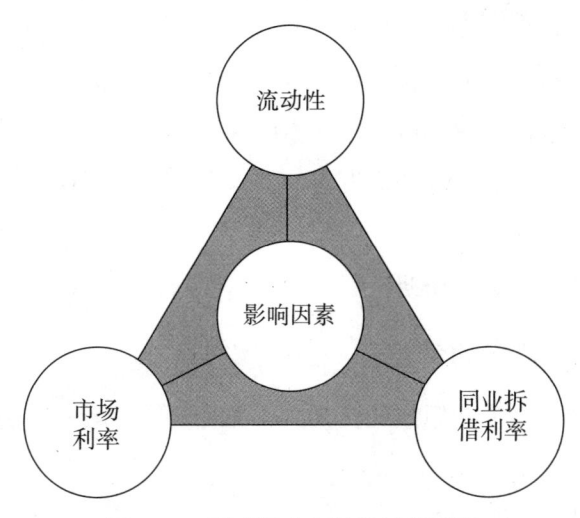

图 2-4　影响同业存单收益的因素

当流动性趋紧时，银行不得不通过提升同业存单利率的方式吸引投资者，债券基金的收益就会走高。反之，当流动性宽裕时，银行可以降低同业存单的利率，债券基金这部分的收益就会降低。

第二，市场利率。相比较而言，同业存单的利率水平要高于市场利率，因而，市场利率的走势对同业存单的利率水平也具有重要的影响。

第三，同业拆借利率。这是同业存单利率水平的重要参照标准。当然，同业拆借利率也会随着流动性变化以及市场利率情况进行调整。

第六节 短期融资券

短期融资券是指企业在银行间债券市场发行和交易的并在一年内还本付息的债券。所谓银行间债券市场，是指由国内银行、证券公司、保险公司等金融机构组成的且不对普通公众发售的债券市场。同业存单也是在该市场内流通的。

短期融资券作为企业短期融资工具，是非常重要的筹措短期资金的工具。

一、短期融资券的特点

短期融资券作为一种短期融资工具，与其他债券既有区别，又有联系，其特点包括以下几点。

第一，短期融资券与同业存单同属短期融资工具，且在银行间债券市场发行，但发行主体却完全不同。短期融资券的发行主体为普通企业，而同业存单的发行主体为包括银行、证券公司、保险公司等企业的金融机构。

第二，目的性较为单一。短期融资券是企业募集短期生产经营所需资金的手段，不能作为长期融资使用。这一点从其最长使用时间为一年的限制中即可看出。同时，发行短期融资券的企业必须具有信用评级，且达到一定的标准。

第三，与同业存单相似，短期融资券也可在发行备案额度内自行确定每期短期融资券的发行金额。短期融资券的总规模不得超过企业净资产的40%。

第四，短期融资券必须由金融机构承销，企业不得私自发行。

二、投资短期融资券的优势

短期融资券作为债券基金的主要投资标的，具有如下几个优势，如图2-5所示。

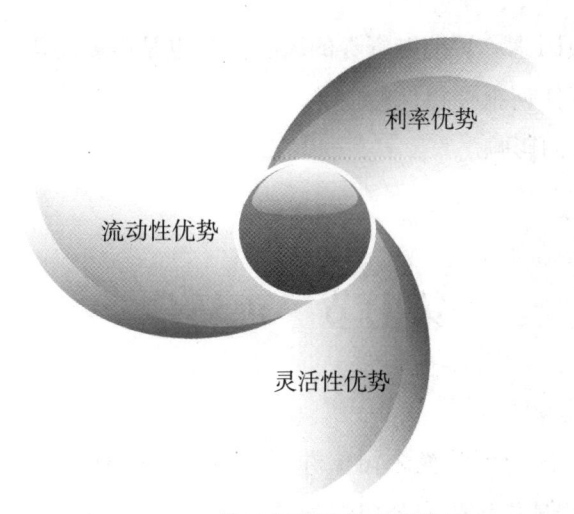

图 2-5 投资短期融资券的优势

第一，流动性优势。短期融资券的期限一般都在一年以内，债券基金持有短期融资券可以确保基金资产的流动性，以应对投资者的日常赎回等操作。

第二，利率优势。在短期投资品种中，短期融资券的利率相对较高。也就是说，短期融资券能够在保证流动性的同时，还获得较好的收益。

第三，灵活性优势。基金经理还可以根据市场利率情况，及时调整短期融资券的仓位，确保债券基金的收益最大化。

三、影响短期融资券收益的因素

债券基金投资短期融资券的收益，受以下几个因素的影响。

第一，流动性是影响短期融资券收益的最主要因素。当流动性趋紧时，企业就不得不通过提升短期融资券利率的方式吸引投资者，债券基金的收益就会走高。反之，当流动性宽裕时，企业发行融资券更为容易，可以降低短期融资券的利率，债券基金的这部分收益就会降低。

第二，信用因素。短期融资券与企业债券相似，也是一种信用债。尽管央行对企业发行短期融资券的信用等级有一定要求，但信用等级不同的企业，发行的短期融资券的利率水平也存在一定的区别。一般来说，信用等级越高的企业，其发行的短期融资券的利率水平就越低。

第三，风险因素。短期融资券的风险因素也是需要考虑的，毕竟这些短期融资券是没有任何抵押担保的债券，一旦发生违约事件，可能对债券基金的收益产生较大的影响。

第七节　可转债

可转债，全称为可转换公司债券，是指债券持有人可以按照债券发行时约定的价格将债券转换成公司普通股票的债券。如果债券持有人不想转换为股票，可以继续持有债券，直到偿还期满时收取本金和利息，或者在流通市场出售变现。如果持有人看好发债公司股票的增值潜力，在宽限期之后可以行使转换权，按照预定转换价格将债券转换成为股票，发债公司不得拒绝。

通常情况下，当股票价格走高时，可转债的持有者会将手中的债券转换为一定数量的股票。当股价下跌时，可转债持有者可继续持有债券并获得票面利息，因而，很多债券基金将可转债看成是一种保本投资的理想标的。

一、可转债的特点

从某种意义上来说，可转债具有债权和期权的双重属性，其特点包括以下几点，如图2-6所示。

第一，债权。可转换债券首先是一种债券。可转债与其他债券一样，有规定的利率和期限。投资者可以一直持有可转债，到期后收取本息。当然，可转债的票面利率水平相对比较低，持有可转债的投资者获得额外的转股权利后，必然要牺牲一定的利息。一般情况下，可转债发行企业每半年或一年需要支付一次票面利息。

第二，期权。可转债的持有者若将债券转换成股票，就变成了公司的股东，其所享受的权利与其他股东无异。持有可转债的投资者具有未来将债券转为股票的权力，只要在转股期内，投资者就自动拥有这种权力。同时，由于具有期权的性质，因此，往往是距离可转债存续期满的时间越久，期权的价值就越大；反之，则价值较小。

第三，可转换性。通常情况下，可转债发行6个月后，投资者就可以将债券转换成股票。转换比例为：可转债面值/转股价格。可转债的转股价格是在可转债发行时确定的，若股价大幅低于或高于转股价格时，发行企业可能会修改可转债转股的价格。

第四，可赎回或回售条款。当股票价格连续多日高于转股价格一定幅度时，企业可按照事先约定的赎回价格赎回债券；当股票价格连续多日低于转股价格一定幅度时，债券持有者可按照事先约定的回售价格将债券回售给企业。

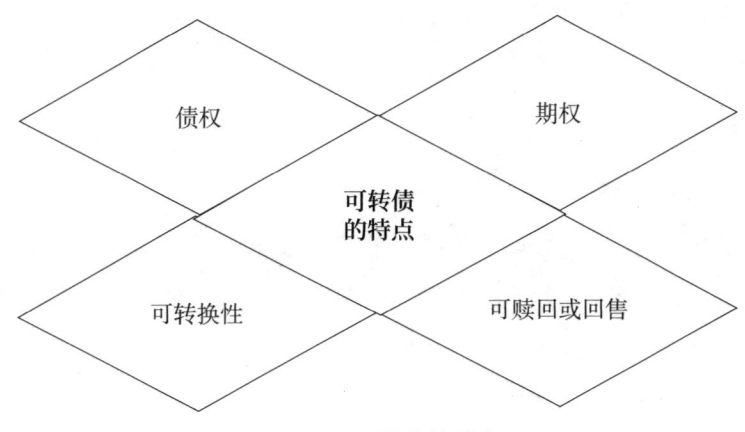

图 2-6 可转债的特点

二、投资可转债的优势

相比于普通债券，可转换债券具有如下几点优势。

第一，保底属性。若股价低于转股价格，债券持有者可以持有债券到期收取本息。尽管按债券形式收取的本息相对较少，但至少不会亏损。不过，若投资者购入可转债时，正是可转债价格走高的时段，那么，投资者还是可能出现亏损的，但可转债的价格只在很少的时段低于100元的面值，这个

100元就是可转债的保底价格。一旦可转债价格低于100元，就会有套利资金入场，将债券价格向上拉升，毕竟可转债作为一种债券，持有到期后可以获得100元本金加利息的收入。当然，若发行可转债的企业出现违约情况，则需另当别论。

第二，相对于其他债券，可转债有获得更高收益的机会和可能，特别是当股市处于牛市行情时，可转债的收益更为可观。当正股价格走高时，由于可转债的转股价格不变，持有可转债的投资者就拥有了更为广阔的获利空间，因而，可转债的价格就会同步走高。

第三，通常情况下，上市公司发行可转债后，最后很少会还本付息，即绝大多数可转债都会转换成股票。若股票价格低于转股价格一定幅度后，发行企业往往会通过调整转股价格，使债券持有人愿意完成转股操作，这也使得可转债相比普通债券更具有投资价值。也正因为如此，若股价连续下跌并即将触发下修条款时，往往会有一些资金入场，等待发行方下修转股价格。一旦转股价格下修，可转债的获利空间就会重新放大，价格必定会重新走高。

三、影响可转债收益的因素

影响可转债收益的因素，包括如下几个方面。

第一，票面利率。前面曾经介绍过，可转债首先是一种债券，其票面利率对可转债价格体系具有重要的托底功能。因此，可转债的票面利率越高，可转债的投资价值也就越大。

第二，转股价值。可转债的转股价值是可转债最核心的价值要素。通常情况下，市场上发行的可转债的票面金额均为100元，而转股价值就是衡量未来可转债价格波动的标尺。转股价值越高，可转债就越有价值，价格也会越高。

第三，转股价格。相对于正股价格而言，可转债的转股价格越高，可转债价格上涨的空间就越小。

第四，正股价格。如前所述，可转债完成转股，才会使其价值最大化，因而，正股价格走势往往直接决定了债券基金的收益。与其他债券不同，正股价格是影响可转债收益的首要因素。若整个股市进入牛市行情，正股价格自然会随之水涨船高；反之，正股价格则会走低。

第五，市场的期望与预期。很多情况下，可转债的价值并不简单地等于转股价格，其中还包含了一定的期权价格。即当市场预期股票价格上涨时，可转债的价格就会高于转股之后的价值，其中就包含了一定的市场期望。比如，一张可转债计算转股之后的价值为112元，而其股价正处于强势上升期，那么，可转债的市场价格就可能会高于112元；反之，若市场处于下降趋势时，可转债的市场价格可能会低于112元。当然，一旦出现这种情况，很容易吸引套利资金入场。

第六，可转债回售条款、下修条款的设定，也会影响可转债的价格走势。回售条款和下修条款有利于可转债持有者，也将提升可转债的交易价值。

可转债相对其他债券来说比较特殊，后面还会详细介绍。

第八节　次级债券

次级债券是指偿还次序优于公司股本权益但低于公司一般债权的债券。也就是说，如果发行债券的企业破产，那么，次级债券的清偿顺序肯定是处于一般债务之后的。比如，一家企业既发行了普通债券，又发行了次级债券，如果某一天公司破产了，这家公司要先清偿普通债务，剩余资产才用于清偿次级债券。

一、次级债券的特点

次级债券与普通债券存在明显的不同，具体来说有如下几个特点。

第一，发行主体。一般企业是不能发行次级债券的，只有银行、保险公司、证券公司等金融企业能够发行次级债券。

第二，信用等级。由于次级债券的偿还顺序位于普通债券之后，因而其信用等级会低于普通债券。不过，因为次级债券信用等级低于普通债券，也使得次级债券的利率水平要高于普通债券。很多银行、证券公司等金融机构发行次级债券时，多采用浮动利率模式，将票面利率定为同期定期存款利率的+2%左右。2020年3月20日，第一创业证券公司完成了3年期8亿元次级债券的发行，其票面利率为5.0%。该利率水平要高于同期普通债券的票面利率。

第三，次级债券发行总额具有限制。尽管银行、证券公司、保险公司等金融机构被批准允许发行次级债券，但其发行总额度仍是被严格控制的。目前，次级债券发行总额不得超过核心资本的50%。

二、投资次级债券的优势

投资次级债券具有如下几点显著的优势。

第一，利率水平高。目前，允许发行次级债券的企业多为银行、证券公司、保险公司等金融机构，信用等级普遍较高，安全性较好。即使次级债券的信用等级低于普通债券，这些企业发行的次级债券的信用等级也会高于其他企业。同时，这些次级债券的利率水平相对较高，因而也更容易成为债券基金投资的标的。

第二，次级债券的价格走势与金融机构的运营状况紧密相关。由于次级债券的偿还顺序次于普通债券，因而，持有次级债券的投资机构必然特别关注这些金融机构的运营状况，一旦发现这些机构出现经营问题，就会第一时间抛出次级债券，使次级债券的价格出现较大幅度的下跌。

第三，对于国内的投资机构而言，次级债券还是一个新兴品种。次级债券的发行、定价以及投资，仍处于探索阶段，因而，投资次级债券本身就是一项充满风险与机遇的投资活动。

第九节　央行票据

央行票据，即中央银行票据，是由中央银行为调节各商业银行的超额存款准备金而发行的短期债务凭证。央行票据的期限很短，一般3个月到3年不等。从表面上来看，尽管央行票据也是一种债券，但其与其他债券存在本质的区别。其他债券都是企业或金融机构为了筹集资金而发行的融资工具，而央行票据则是央行为了调节社会资金流动性而发行的货币政策工具。

一、央行票据的特点

央行票据作为一种特殊的债券，很多债券基金并没有持仓，这也与其固有的特点有关。

第一，央行票据本质上是一种货币政策工具。当市场流动性宽裕时，央行会主动发行央行票据，以减少社会资金的流动性；反之，当市场流动性紧缩时，央行会采取逆回购的方式释放流动性，即通过回收商业银行的票据，将更多的货币资金投放至市场。

第二，央行票据的发行与其他债券不同，其发行对象为市场上的一级交易商。目前，满足条件的交易商只有48家，以银行和大型证券公司为主。央行票据与国债、金融债不同，它不设分销商，而是直接采用招标形式发行，利率也是以招标利率为准。普通投资者只能通过二级市场交易央行票据，也正因为如此，债券基金很少直接持有央行票据。查看很多债券基金的持仓时，都会发现"央行票据"一栏是空白的。

二、央行票据的作用

央行引入票据具有如下几方面的作用。

第一，丰富央行调控货币政策的手段。从整体来看，我国央行对货币的调控手段并不多，特别是短期货币市场工具，更是少之又少。央行票据在一定程度上可以充当央行调节短期货币市场运行态势的工具。

第二，为市场提供基准利率。央行通过招标形式发行央行票据并确定利率水平，可以为制定市场基准利率提供重要的依据。

第三，通过央行票据的发行与逆回购，可以适当调节整个市场的短期利率水平。即当市场利率水平走高时，可以通过逆回购释放市场流动性，适当调低市场利率；反之，若市场利率走低时，可以通过发行央行票据回收流动性，适当提升市场利率。

第三章

债券基金的分类及盈利模式

债券基金是针对债券产品进行投资的基金产品，因投资方向、投资组合或侧重点不同，可将债券基金划分成不同的类别。

第一节 债券基金的分类

债券基金涵盖的细分领域很多，其风险和收益水平也存在明显的不同。

一、按债券占比分类

在基金总持仓中的债券占比，是债券基金分类的主要标准。从定义上来说，只有债券持仓在 80% 以上的基金，才能称为债券基金。市场上，很多偏债型混合基金也可以列为债券基金的一种。按照债券占比划分，大致可将债券基金划分成纯债基金、二级债基、偏债型混合基金、偏股型混合基金等，其中还有一级债基，因其与纯债基金较为相似，并未在表中单列。如表 3-1 所示。

表 3-1 按债券持仓占比分类

持仓比例		纯债基金	二级债基	偏债型混合基金	偏股型混合基金
债券持仓	上限	95%	95%	95%	——
	下限	80%	80%	40%	——
股票持仓	上限	0	20%	40%	95%
	下限	0	0	0	60%
总持仓量		95%	95%	95%	95%

从表 3-1 中可以看出各类债券基金的差别。

1. 纯债基金

该类基金以债券为主要投资标的，其持仓中不含任何股票或可转换债券。

该类基金的持仓中，包括各类国债、金融债、企业债、中期票据、短期融资券等。事实上，很多债券基金在运作过程中会借助杠杆工具将总持仓量超过100%。目前，纯债基金内部还分出了长债基金、短债基金和超短债基金。比如，前面曾经介绍过的建信纯债，就是一只典型的纯债债券基金，该基金的持仓中没有任何股票或可转债资产。

2. 二级债基金

该类基金的持仓仓位仍以债券基金为主，但可以少量持仓股票或参与打新股。尽管这类基金的股票仓位占比较低，但由于股价的波动性非常大，往往可以对整个基金的盈利产生重要的影响。当然，从某种意义上来说，二级债基金也是一种混合基金，只是混合程度稍低。比如，截至2019年12月底，富国增强收益债券基金持仓的股票占比约为16.22%，低于20%的股票持仓上限，属于典型的二级债基。

在纯债基金和二级债基之间还有一种债券基金，即一级债基。2012年7月之前，纯债基金与一级债基金具有很大的不同，一级债基的投资范围在纯债基金的基础上还加入了打新股和购买可转债的功能，即"一级债基＝纯债基金＋打新股＋可转债"。但是，到了2012年7月，中国证券业协会下发了《关于首次公开发行股票询价对象及配售对象备案工作有关事项的通知》，停止受理一级债券型证券投资基金和集合信托计划成为新股配售对象的备案申请。从此以后，一级债基再也不能打新股了，这就使得一级债基与纯债基金之间只剩下购买可转债的区别了。

3. 偏债型混合基金

该类基金中，股票占比已经上升至最高40%的水平，这类基金的收益水平开始接近股票型基金。通常情况下，这类基金有一个明显的优势，即股市进入牛市时，这类基金可能会加大股票持仓仓位，以获得更大的收益；反之，当股市进入熊市时，基金经理可以减少股票持仓，加大债券持仓，从而规避股价下跌带来的损失。比如，国投瑞银融华债券型基金就是一款偏债型混合基金，截至2019年12月底，该基金的债券持仓占比为40%～95%，股票的持仓占比为 0～40%。

4. 偏股型混合基金

这类基金与股票型基金更为接近，其收益也更接近股票型基金。最主要的问题是，这类基金对债券持仓并没有明确的规定，理论上可以持有最大40%的仓位，当然也可以 0 持仓。总之，将该基金计入债券基金稍显勉强。比如，易方达中小盘混合基金的债券持仓在牛市行情中接近 0，到了熊市才加大债券的持仓占比。

二、按债券期限分类——短债基金、超短债基金

在纯债基金内部，根据所选债券久期的长短，可将其细分为短债基金和超短债基金，如图 3-1 所示。

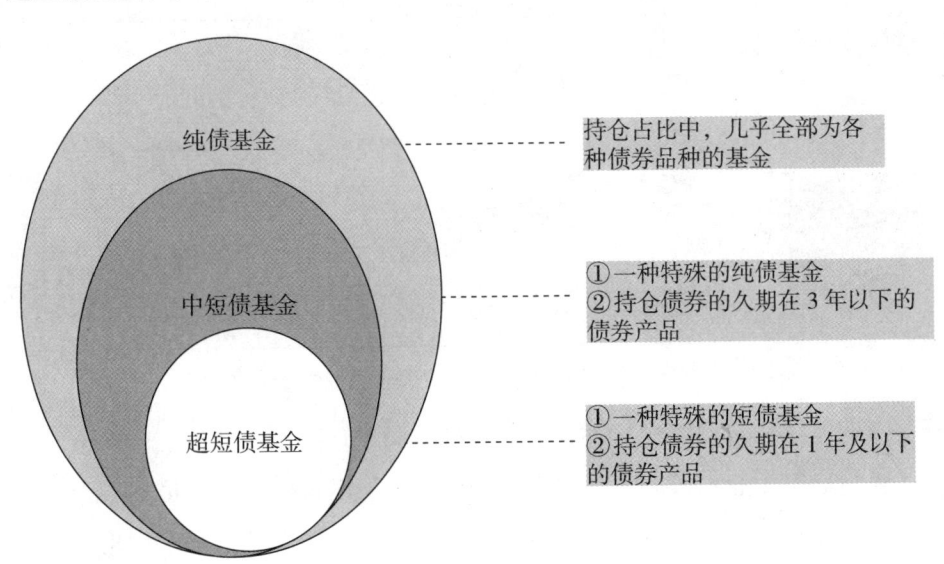

图 3-1　按债券期限分类

图 3-1 为纯债基金按债券久期作出的一种分类。在很多情况下，纯债基金还会被细分为中长债基金、长债基金等。不过，无论何种分类，都是依据债券久期长度进行划分的。通常情况下，久期长度超过 3 年以上的债券基金就属于中长债基金了，持有债券久期超过 5 年的，则属于长债基金。

三、特殊的债券基金——可转债基金、定开债基金

有几种特殊的债券基金需要投资者予以关注,如可转债基金、定开型债券基金等。

1. 可转债基金

可转债基金,从基金的名称可以看出,这是一种以可转换债券为主要投资标的的基金。由于可转换债券可以转换为正股,因而这类基金的持仓结构以债券和股票为主,其中可转换债券占据多数仓位。比如,兴全可转债混合基金的仓位中,截至 2019 年 12 月底,债券占比达到了 60% 以上,而股票占比达到了 25% 以上。

下面来看一下兴全可转债混合基金最近几年的走势情况,如图 3-2 所示。

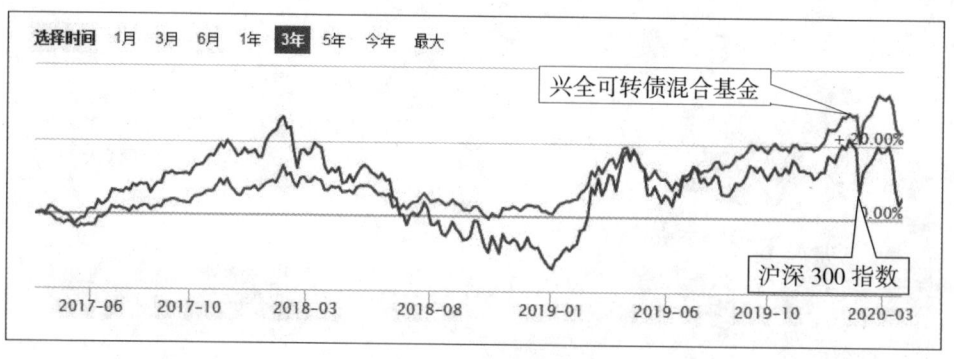

图 3-2 兴全可转债混合基金与沪深 300 指数走势对比图

从图 3-2 中可以看出,在过去三年的时间里,兴全可转债混合基金的收益曲线与沪深 300 指数基本保持了同步,这也说明可转债基金虽然名为债券基金,实际收益曲线却与股票基金相似。同时,从二者的走势对比来看,兴全可转债混合基金的走势要强于沪深 300 指数,这说明可转债基金还是一种不错的投资标的。

2. 定开型债券基金

定开型债券基金与普通的开放式债券基金不同,该类基金的申购与赎回日期都是预先设置好的,并不是随时都开放,投资者只能在基金开放日进行

申购与赎回操作。对于基金经理而言，定开型债券基金可以让基金经理不必随时预留现金以应对投资者的申购与赎回操作，因而资金利用效率更高，收益也更好。

通常情况下，定开型债券基金的开放周期为半年、一年、三年不等。也就是说，每隔半年或一年、三年，这些债券基金会开放一周左右的时间供投资者进行申购或赎回操作。投资者若错过该开放时限，就需要等到下次开放期办理申购或赎回操作。

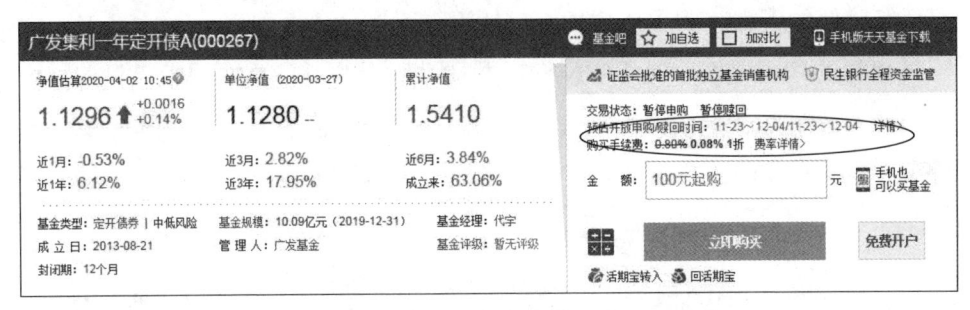

图 3-3　广发集利一年定开债 A（000267）

如图 3-3 所示，广发集利一年定开债 A 为一年期定开债券基金。也就是说，该债券基金每年开放一次，开放时间大约为 11 月 23 日到 12 月 4 日。当然，因节假日等原因，每年开放的具体日期会稍有不同。

从理论上来说，封闭周期越长，越有利于债券基金经理的操作，收益相对也会更高。但对于投资者来说，长期封闭却未必是好事。尽管有些定开型封闭基金能够上市交易，但却不得不接受折价，这对有资金需求的投资者来说显然是不利的。

第二节 债券投资的基础——债券信用评级

前面介绍过，每种债券的票面利率高低与该债券的信用评级有关，即信用评级越高的债券，投资者面临的风险越小，其票面利率就越低；反之，信用评级较低的债券，为了成功发行，就不得不提高票面利率。

债券的信用评级，是影响债券以及债券基金收益的重要因素。目前，由于国债和政策性金融债由国家信用背书，一般不需要债券评级，而一般性金融债和各类企业债，都需要相应的评级机构给出具体的信用评级。

一、债券评级机构及评级内容

长期以来，国内证券市场一直存在"重股市，轻债市"的问题，因此，债券市场的发展并不理想，很多配套的制度体系建设也不完善。债券评级制度，作为债券市场发展重要的基础性制度，仍远远落后于国外发达国家。

从国际债券市场来看，标普和穆迪是债券市场最大的两家评级机构。由于这两家机构属于私人企业，并不受任何政府的控制，也不从属于任何证券公司和证券交易所，因而其评级的公信力较强，也较受债券市场的认可。近年来，国内也涌现出来了一批债券评级机构，如大公国际、联合信用、东方金诚、上海证券、济安金信等。2019年1月28日，标普获批为首家在华执业的外资信用评级机构，表明中国债券市场信用评级的开放完成了从政策层面到操作层面的所有步骤，也标志着标普正式进入中国债券评级市场。

通常情况下，对债券的评级包括以下几方面内容，如图3-4所示。

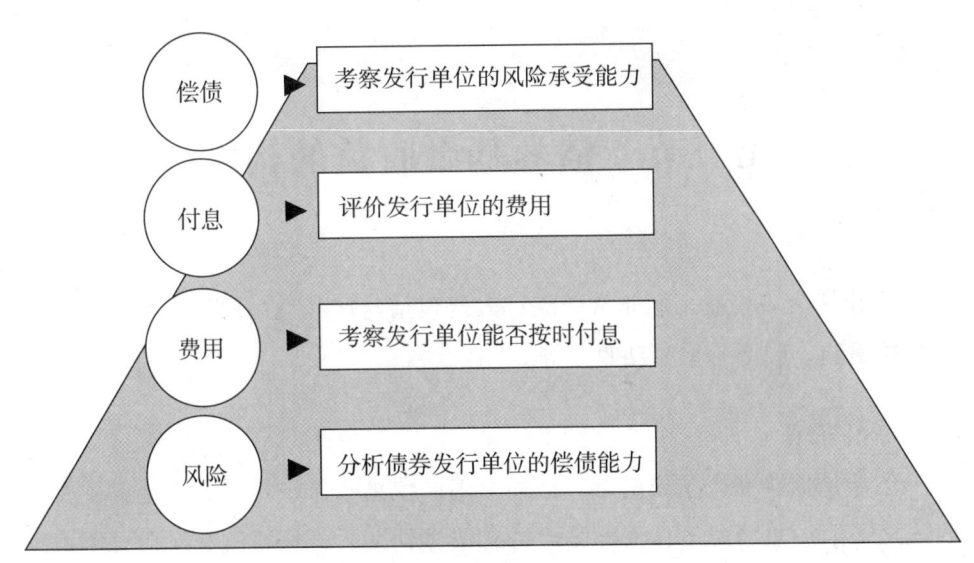

图 3-4 债券评级的内容

二、债券评级明细

债券评级机构不同，给出的债券评级标准也会有所区别。目前，大多数债券评级机构给出的债券评级一般包括以下几个类别，如表 3-2 所示。

表 3-2 债券评级明细

评级	评级细分		典型特征	备 注
A	AAA	信誉高、风险小	①本金和收益安全性高； ②受经济形势影响较小； ③收益水平较低，筹资费用较低	又称"金边债券"
	AA			
	A			
B	BBB	投机级债券	①债券的安全性、收益可能会受到经济形势的冲击； ②受经济形势影响较大； ③收益水平较高，筹资费用较高	比较有吸引力的债券
	BB			
	B			
C	CCC		①收益较高，风险极大； ②仅具有一定的投机价值	投机性债券
	CC			
	C			
D	——		没有经济意义，但差价变化可能较大	赌博性债券

（注：上表为标普评级标准。有些机构的评级中没有 D 级，还有些基金的评级分类与上述分类稍有不同，但总体上大致分为 A、B、C 三大类别。同时，在 A、B、C 等级别中，还可以额外使用"+"或"-"号进行微调。）

第三节　债券基金收益的构成

债券基金的收益来源非常广泛，大致包括这样几类：票息、净价价差、质押式回购、股票价格波动收益等。

一、票息

债券是债券基金主要的持仓标的，因而票息收入也是债券基金最主要的收入之一。一般情况下，债券基金持有债券到期后，只要债券发行方不出现违约情况，债券基金都可以获得相应的利息收入。

前面也介绍过，大部分企业债券都属于信用债，票面利率都是与其信用等级挂钩的。债券基金要想获得更高的票面利息收入，就必须介入信用等级低的企业的债券，而这些企业的债券往往又存在一定的投资风险。也就是说，在票息方面，肯定是低等级的信用债的收入最高，而信用等级最高的国债收入可能是最低的。

二、净价价差

前面介绍过，很多债券都是可以上市交易的，特别是一些年限较长的债券，其市场价格的波动更为剧烈，这就为债券基金的管理者提供了获利机会。债券基金经理可以利用债券市场的价格波动，从中获取价差收益，从而充实债券基金的收益。比如海南航空在2011年发行的10年期债券，票面利率为6.2%，交易代码为：122071。该债券在上海证券交易所上市，其价格走势如图3-5所示。

图3-5为海南航空10年期债券在2020年3月24日的市场报价走势图。从图中可以看出，该债券的价格波动较大，且价格位于100元的下方。由于债券的票面价格为100元，且还有利息加成，也就是说，该债券的价格肯定要在100元之上，因而未来存在继续走高的可能。当然，由于受到新冠疫情

的影响，航空业遭受了较大的损失，这也使市场对该债券的信用存在担心，导致债券价格走低。正是由于存在这种担心以及市场价格低于票面价格，才共同促成了债券价格的波动。也正是由于价格波动的存在，才使得债券基金有了进行交易的空间和机会。

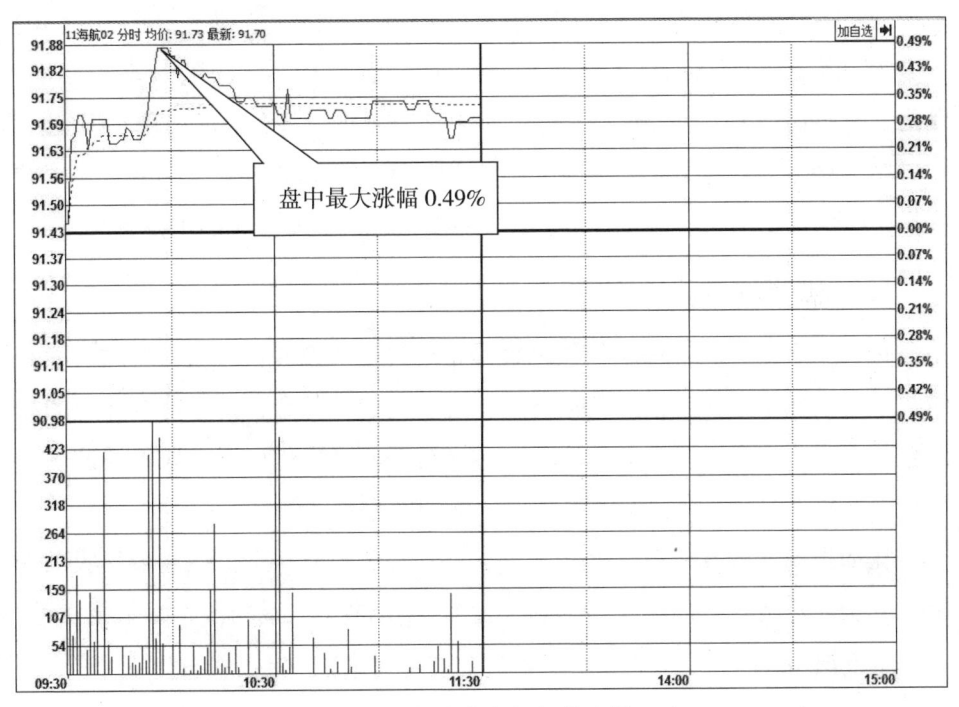

图3-5 海南航空10年期债券市场报价走势图（2020.3.24）

不过，有些债券的成交量偏少，而债券基金持有的债券份额往往较多，这不利于债券基金的市场操作。

三、债券质押式回购

债券质押式回购，也是债券基金放大收益的一种策略和方法。前面介绍过，债券基金的运营者可以将自身持有的债券抵押给金融机构，然后通过获得的资金再次购入债券。当然，抵押债券获得资金，也是需要支付利息的，因而，利息与债券票面利率之间的差额就是债券基金的一项重要收入。

目前，大多数开放式债券基金的杠杆率可以达到140%左右，而定开型债券基金的杠杆率可以超过200%。这主要是开放式债券基金需要预留一定的资金和短期债券资产以备投资者的赎回操作，而定开型债券基金由于开放和赎回时间是固定的，基金管理者可以进行更高杠杆的运作。

当然，质押式回购操作并不能确保债券基金只赚不赔。毕竟，基金收益来源与购入债券的收益不同，该项收益主要源于债券收益与市场利率之间的利差。若市场利率下行时，债券基金进行质押式回购往往会获得较高的收益；反之，若市场利率上行，债券基金的利差就会减少，甚至可能出现亏损。

从短期来看，尽管债券基金可能因为运作的原因或利率波动造成一定的亏损，但从长期来看，票面利率仍是债券基金（纯债基金）的主要盈利来源。

四、股票价格波动收益

按照基金的分类方法，纯债基金是不会涉足股票和可转债交易的，而其他类型的债券基金，包括可转债基金、混合型债券基金，则会持有一定的股票仓位。这些债券基金持有的股票仓位尽管并不高，但由于股票价格波动幅度较大，使得股票走势撬动了整个债券基金的收益。

比如招商安盈债券基金就是一只典型的债券混合基金。该基金的股票仓位占总仓位的比重不到14%，却推动整个基金的收益波动与股票型基金接近，如图3-6所示。

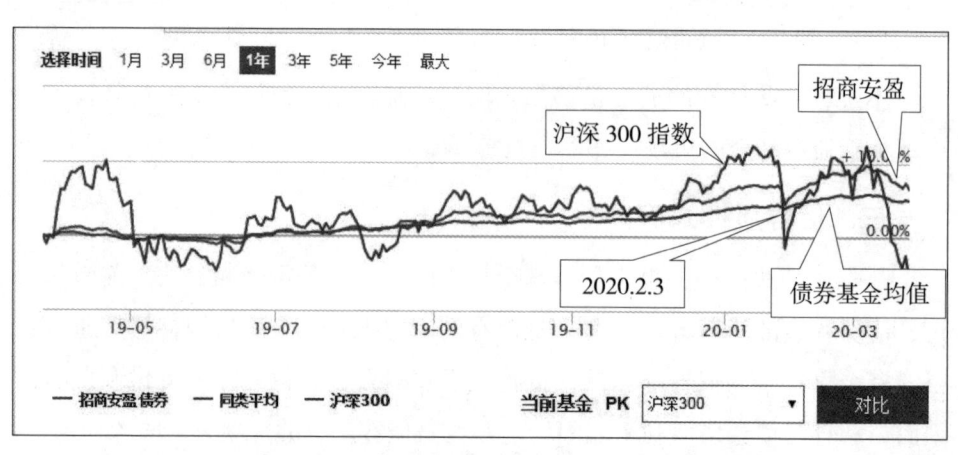

图3-6 招商安盈债券基金与沪深300指数对比图

如图 3-6 所示，招商安盈债券基金的走势尽管没有沪深 300 指数波动那么剧烈，但其波动幅度也比债券基金的平均线更大。特别是 2020 年 2 月 3 日，股市大盘暴跌，沪深 300 指数跌幅极大，连带着招商安盈债券基金的净值也大幅走低，不过，债券基金的均值走势要平滑许多。其实这也反映了混合型债券基金的走势特点，即牛市时其收益要优于普通的债券基金，熊市时则可能会弱于普通的债券基金。

除了上述几种收入外，持有可转债的债券基金还可以通过转股获得额外的收益。由于可转债基金的收益相对比较特殊，后面还会详细讲解。当然，很多基金的收益中还有基金的赎回费用，基金赎回费用本身就是对其他基金持有人的一种补偿性安排。

第四章

债券基金投资入门

债券基金属于典型的低风险投资品种,与之相对应,收益水平也较低。

第一节　从哪里买基金最划算

相比股票型基金，债券基金的各项费用相对较低。目前，市面上销售基金的机构很多，但基金销售费用差异不大。如图4-1所示。

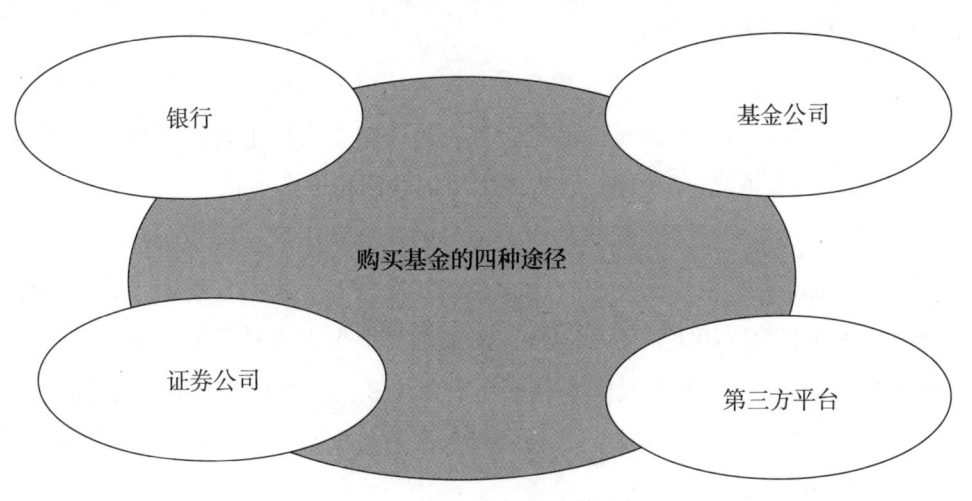

图4-1　购买基金的四种途径

一、从银行买基金

对于很多缺乏专门理财知识的投资者来说，银行是购买基金产品的主要途径。相对于其他渠道，在银行购买基金产品总会给人一种安全、可靠的感觉。由于银行网点遍布全国，且各大银行如工商银行、农业银行、交通银行、建设银行等都具有基金销售资格，因此，银行成了基金销售的重要渠道。

1. 从银行购买基金的优势

银行能够成为基金销售的重要渠道之一，主要因为其具有以下几点优势。

第一，银行网点众多，而且分布十分广泛，投资者购买基金十分便利；

第二，投资者可以直接与银行的基金销售人员对话，获得更为周到的服务和详尽的信息。

2. 从银行购买基金的劣势

从银行购买基金具有一定的优势，但劣势也很明显。

第一，代理的基金品种有限。通常情况下，某一家银行会与某家或某几家基金公司签约代理其基金品种。但是市场上基金公司很多，银行能够代理的毕竟只是少数几家公司，投资者在银行购买基金，就只能在少数几个基金品种中选择自己的投资标的。

第二，银行合作的基金公司有限。银行不可能与所有的基金公司合作，如果投资者以后需要转换基金品种，其交易成本会大幅上升，特别是想要换成其他机构代销的基金品种时，将大幅增加赎回与申购费用。

第三，在众多基金代销机构中，银行的代销费用属于比较高的。其他代销机构一般都会给申购费用打个折扣，例如支付宝、腾讯理财通、天天基金网等，都将申购费用下调至了一折，而银行却很少出现打折的情况。尽管这笔费用并不算多，但基金投资本身就是积少成多，投资者必须学会精打细算。

第四，基金信息并不全面，投资者无法通过银行对整个市面上销售的基金进行对比分析。

二、从基金公司买基金

从基金公司购买基金是最正常不过的途径了，毕竟基金公司本身就是销售和管理基金的。

1. 从基金公司购买基金的优势

与其他渠道相比，从基金公司购买基金具有明显的优势。

第一，投资者可以获得更为全面、完整的基金信息。基金公司掌握的基金信息是其他任何渠道都无法比拟的,而且基金公司的人员相对更为专业,也能为投资者提供更为丰富的投资知识。

第二,费用较低。基金公司往往会为基金投资者提供较为丰厚的优惠力度,投资者从基金公司购买基金可能会更省钱。

2. 从基金公司购买基金的劣势

与其他渠道相比,从基金公司购买基金同样具有明显的劣势。

第一,可购买的产品数量较少。基金公司一般只销售自家的基金产品,即使代理其他基金公司的产品,数量也极为有限。

第二,基金公司的网点相对较少,投资者购买基金产品,需要考虑交通与时间成本的问题。

第三,投资者赎回的资金需要较长时间才能到账。

三、从证券公司买基金

证券公司也是投资者购买基金的一个重要渠道。投资者可以在证券公司开户,像交易股票一样交易基金。

1. 从证券公司购买基金的优势

相比其他渠道,证券公司作为有价证券交易场所,可以为投资者提供更为多样的交易方式,这也是投资者在证券公司开户购买基金的优势。概括起来说,从证券公司购买基金具有如下几点优势。

第一,通过证券公司申购的基金可以自由进行转换(同一基金公司产品),同一证券账户可以进行多种金融工具的交易,包括股票、债券、基金、理财产品等。

第二,交易品种丰富。证券公司可交易的基金品种极为丰富,投资者可选择的空间大。

2. 从证券公司购买基金的劣势

尽管从证券公司交易基金具有很多优势,但也存在一定的劣势。

第一,基金信息不够详细,不利于投资者研究和选择基金。投资者若从证券交易软件中购买基金,也仅能获得一些常规的信息,无法获得更为丰富的信息。

第二,基金赎回到账时间较长,这主要指的是场外交易。

第三,在证券公司交易基金前,投资者必须到证券公司开户,并履行相关的手续。

四、从第三方销售平台买基金

随着越来越多网上基金销售平台的崛起,第三方基金销售平台已经日渐成为基金销售的主力。第三方销售平台包括支付宝、腾讯理财通、京东金融、天天基金网等众多基金销售机构。

1. 从第三方平台购买基金的优势

相比其他渠道,通过第三方销售平台购买基金具有以下几点优势。

第一,申购与赎回方便快捷。由于网上销售基金的普及,投资者申购与赎回基金变得更为方便,可以足不出户交易基金。

第二,费用低廉。第三方平台销售基金时,为了吸引更多的投资者,往往会采取申赎费用打折销售的策略,这就使得投资者购买基金可以获得更多的实惠。

第三,产品转换方便。第三方平台往往会代理较多基金公司的产品,投资者在第三方平台内进行产品转换会非常方便。

2. 从第三方平台购买基金的劣势

尽管从第三方平台购买基金具有很多优势,但也存在一定的劣势。

第一,投资者无法进行更为详尽的咨询。投资者若对基金存在疑虑或有不解的地方,无法进行一对一的咨询,很难获得更为详尽的信息。

第二,线下网点少,对于不擅长使用网络的投资者来说,操作起来比较困难。

第三,进行基金转托管不是很方便,本质上是这些第三方基金销售机构并不愿意投资者将托管在该处的基金转移至他处。

第二节　基金投资费用知多少

基金公司以及基金销售机构的盈利，主要来源于基金交易和管理费用。这部分费用对于投资者来说可能并不多，但由于基金投资本身就是一个积少成多的投资项目，投资者要想从基金投资中获利，就必须清楚地了解这些费用的构成和所占比例，并尽可能地压缩费用开支。基金投资费用大致由三部分构成，如图4-2所示。

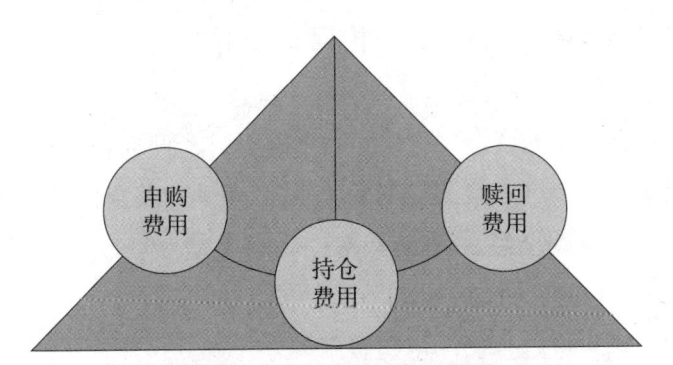

图4-2　基金投资费用的构成

一、申购与认购费用

投资者在申购或认购新基金时，需要支付一定的费用。

1. 申购费用标准

通常情况下，不同的基金、不同的基金申购渠道，申购费用也存在明显的不同。

（1）申购渠道不同，申购优惠的幅度也不同。通常情况下，投资者若从银行购买基金，优惠力度相对较小，而一些网上基金销售平台可将申购费用调整至一折的水平。

（2）申购金额不同，申购优惠的幅度也不同。很多基金公司为了吸引大资金购买基金，往往会为其设置专门的优惠。例如，申购资金超过200万元，可能会将申购费用降至0.2%，或者直接单笔申购费用1000元等。

（3）基金种类不同，申购费率不同。通常情况下，债券基金的申购费用都会低于股票型基金或指数型基金。特别是很多纯债基金，都是免申购费的，只有一些二级债基或混合债基金才会设置申购费。

2. 申购费用的计算方法

按照国际惯例，这个申购费用并不是根据投资者的申购金额需要投资者额外支付的，而是直接在投资者的申购金额内扣除。基金申购费用扣除方法分为内扣法和外扣法两种。按照2007年证监会关于基金销售费用扣除办法的规定，目前基金销售费用统一采用外扣法计算。

（1）内扣法。

内扣法就是从申购资金中直接扣除申购费用。假如某投资者申购A基金10000元，申购费率为1.5%，基金每份1元，其申购的基金份额计算方法如下。

申购费用 = 申购金额 × 申购费率

=10000 × 1.5%=150 元

净申购金额 = 申购金额 − 申购费用

=10000−150 元 =9850 元

申购基金份额 = 净申购金额 / 基金单价

=9850 元 /1 元 =9850 份

也就是说，按照内扣法计算，投资者申购10000元的基金，可获得基金份额为9850份。

（2）外扣法。

外扣法就是根据净申购金额计算申购费用的计算方法。假如某投资者申购A基金10000元，申购费率为1.5%，基金每份1元，其申购的基金份额计算方法如下。

净申购金额 = 申购金额 /（1+ 申购费率）

=10000 元 /1.015≈9852.2 元

申购基金份额 = 净申购金额 / 基金单价

=9852.2 元 /1 元 =9852.2 份

通过内扣法和外扣法对比可以发现，同样的申购金额，用外扣法计算，投资者可获得更多的基金份额，这种计算方法无疑对投资者更有利。

3. 基金认购费

有时候，基金公司为了鼓励投资者参与基金认购，往往会在认购阶段给予一定的费率优惠。例如，战略配售（独角兽）基金在结束封闭期后，正常的申购费率为 1.5%，而其在认购阶段的费率仅为 0.6%。

由于基金认购期一般有一个月甚至更长的时间，投资者若提早提交认购申请，在计算认购基金份额时，会将认购期间的资金利息计算在内，所以，最后给出的基金份额可能会多于投资者利用认购金额计算得出的份额。

二、持仓费用

投资者在持有基金期间，需要向基金公司和托管银行支付一定的费用，不过，这部分费用会按日折算从基金净值中提取，投资者平时可能都感觉不到这部分费用。投资者持有基金期间产生的费用，主要包括基金管理费、托管费和销售服务费。

1. 基金管理费

基金管理费本质上是投资者支付给基金管理人员的报酬。这就如同你请了一个基金经理给自己打理资金，这个基金经理肯定要收取一定的报酬。

基金管理费用有高有低，一般情况下，债券类或偏债券类基金的基金管理费用要低于股票型基金，一般为 0.5% 左右。比如前面提到过的建信纯债基金，管理费为 0.5%（每年）。

基金管理费并不需要投资者额外支付，只是在每日的基金净值中扣除，并按月支付。

2. 基金托管费

基金托管费是指基金托管人为保管和处置基金资产而向基金收取的费用。通常情况下，我们购买的基金都是由银行托管的，因此，这部分费用也要从基金中计提。目前大多数债券基金的托管费率为 0.2% 左右。

基金托管费和基金管理费一样，并不需要投资者额外支付，只是在每日的基金净值中扣除，并按月支付。

3. 销售服务费

销售服务费是指基金管理人根据基金合同的约定及届时有效的相关法律法规的规定，从开放式基金财产中计提的一定比例的费用，用于支付销售机构佣金、基金的营销费用以及基金份额持有人的服务费等。

目前，由于很多债券基金特别是纯债基金不收取申购费，因而收取销售服务费的标准为 0.35%（每年）。而一些债券混合基金因为要收取申购费，所以没有销售服务费。

销售服务费与基金托管费、基金管理费一样，并不需要投资者额外支付，只是在每日的基金净值中扣除，并按月支付。

三、赎回费用

基金赎回费用是指在开放式基金的存续期间，已持有基金份额的投资者向基金管理人卖出基金份额时所支付的手续费。根据相关法规规定，基金公司可以向持有基金不满一定时间的投资者收取一定的赎回费用。换句话说，赎回费用本身就是对投资者持仓时间过短的一种惩罚性措施。不过，这种赎回费用一般是计入基金资产的，也就是说，该部分款项由基金持有人共同获得。

基金赎回费用的计算方法如下：

基金赎回费用 = 基金赎回金额 × 赎回费率

其中，基金赎回费用与投资者的持仓时间长短有一定关系，例如，有的基金公司规定：持仓时间少于 7 天将会收取 1.5% 的手续费；若持仓时间超过 1 年，则不收取任何赎回费。下面为某债券混合型基金的赎回费用与持仓天数的对照情况，如表 4-1 所示。

表 4-1 某债券混合型基金持仓天数与费用对比

持有天数	费率
<7 天	1.50%
7 天 ≤ 持有天数 <365 天	0.3%
持有天数 ≥ 365 天	0

第三节 基金的认购与申购、赎回

为了让新基民更快地理解基金交易，本节将重点讲解一下基金交易的基本规则。

一、基金申购及其规则

投资者提出申购基金时，需要遵守以下规则。

1. 时间规则

每只基金都由基金管理人负责运作。投资者提出申购请求时，基金管理人不可能随时将投资者申购的资金对外投资，因而，只在每个交易日下午 3 点时，对该交易日提出申购或赎回的请求进行汇总，并按照当日基金净值核定基金份额或资金金额。

以提交基金申购日（下午 3 点之前）为 T 日，那么，在 T+1 日，投资者申购的基金将被确认份额并计算收益，T+2 日投资者就可以借助网站或手机查看到账收益了。若投资者在 T 日下午 3 点之后提交申购请求，将按照 T+1 日执行。周末和法定节假日为非交易时间，投资者提交的申购请求将在下一个交易日处理。

例如，某投资者在星期一下午 3 点之前提交申购请求，将从星期二开始计算收益，并在星期三收益到账。如果投资者在星期一下午 3 点之后提交申购请求，那么这笔钱将在星期二被汇总，从星期三开始计算收益，并在星期四收益到账。

2. 申购限额

目前，各大基金公司为了鼓励更多的投资者购买基金，已经将基金投资的门槛降低了很多。特别是一些货币基金和债券基金，最低申购额度已经下降至 1 元，不过，很多债券混合型基金的申购最低限额依然在 100 元左右。

二、基金赎回及其规则

基金赎回的规则与申购规则相似，包括以下几点。

1. 时间规则

基金赎回一般执行 T 日申请，T+1 日资金到账的规则。

以提交基金赎回日（下午 3 点之前）为 T 日，那么，在 T+1 日，投资者赎回基金的款项将会到账。若投资者在 T 日下午 3 点之后提交赎回请求，将按照 T+1 日执行。周末和法定节假日为非交易时间，投资者提交的赎回请求将在下一个交易日处理。

2. 先进先出规则

对于很多基金来说，不同的持仓天数就意味着不同的赎回费率。投资者若是在不同时间分批次申购基金，在基金赎回时，系统将会默认执行先进先出规则，即赎回时先从申购的第一批基金开始进行赎回操作，并按照第一批基金的赎回费率执行。若赎回量超过第一批基金的申购量，将会自动开始第二批基金的赎回操作，并开始执行第二批基金的赎回费率。

例如，某投资者在 2018 年 1 月 10 日申购了 10000 份 A 基金，2 月 10 日，再次申购了 10000 份 A 基金。2 月 15 日，该投资者申请赎回全部的 20000 份 A 基金。该基金持仓不满 7 天的赎回费率为 1.5%，持仓一个月以上不满三个月的赎回费率为 0.5%。则该投资者的 20000 份基金中，前 10000 份将按照 0.5% 的赎回费率执行，后 10000 份按照 1.5% 的赎回费率执行。

第五章

三维选择优质债基

即使是相同类型的债券基金,其收益水平、风险水平也可能存在细微的差别。通常情况下,投资者需要从三个维度来筛选优质的债券基金,即选基金产品、选基金经理、选基金公司。

第一节　选基金先要选定产品

投资基金，第一件事就是要选到合适的基金产品。投资者的风险承受能力不同，对基金产品的需求肯定有所不同。因此，投资者需要从多方面评估基金产品，并确定自己理想的投资标的，如图 5-1 所示。

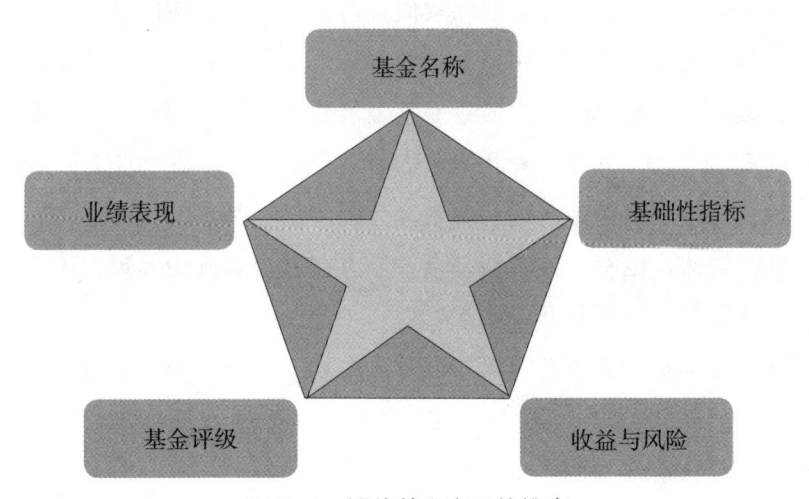

图 5-1　评价基金产品的维度

一、基金名称：看产品属性

通常情况下，一只基金的名称中会包含该基金的主要投资偏好和基金属性。大部分基金的名称由三部分构成：基金公司名称＋基金投资偏好或目标＋基金属性。在这三部分中，第一部分和第三部分是核心部分，第二部分的重要性相对较低，有些基金名称可能并不含有第二部分内容。

第一部分：基金公司名称。

在基金名称中，第一部分就是基金公司的名称。从基金的命名规则可以看出基金公司对于一只基金的重要性。以"前海开源祥和债券型基金"为例，在该基金名称中，前四个字"前海开源"就是发行这只基金的基金公司。也就是说，这只基金属于前海开源基金公司众多基金中的一只。同理，大家在选择基金时，还可能会看到诸如华夏、易方达、南方、建信、嘉实等字样，这些都是基金公司的名称。

第二部分：基金投资偏好或目标。

在基金名称中，第二部分的重要性相对较低，它可能仅仅是基金投资的一个目标或愿望，也可能是基金投资的方向或范畴等。例如"前海开源祥和债券型基金"，在这个基金名称中，第二部分为"祥和"，该信息仅说明基金投资的风格并不激进，力求温和增值。由于第二部分指向性并不明确，很多股票型基金名称中经常使用诸如"鼎益""全球视野""全球配置""核心优势"等词语。相对而言，债券型基金名称中的第二部分则比较委婉，如"长利""稳健"等。其中，有几类名称需要特别关注，即"纯债""超短债"和"可转债"或"转债"，这几类名称分别将债券基金的投资方向转向了不同的领域。当然，也有一些转债基金并没有在基金名称中体现，投资者需要从基金的持仓中去仔细分辨。

有些基金名称中并不含有第二部分的内容，只包含第一部分和第三部分内容。

第三部分：基金属性。

基金属性是基金名称中最核心、最关键的内容。基金属性直接决定了基金投资标的的范畴，如股票、债券、货币、混合、LOF等。作为想要投资债券型基金的投资者，则需要重点关注以"债券"结尾的基金。当然，混合型基金也是需要重点关注的对象。目前，市场上的混合型基金比较多，有时候投资者从名称中很难看出其混合的比重，比如同属债券混合型基金，有的股票占比可以达到40%，有的则只能达到20%。

关于股票占比的情况，投资者可以通过两个途径来判断：其一，基金净值波动程度，基金净值波动程度与股票型基金很接近，就说明该债券基金中的股票持仓占比较高，反之，则较低；其二，直接从基金的定期报告中查看股票占比情况。任何时候，第二种方法都是最理想的选择。作为基金投资者，要养成定期查看基金持仓报告的习惯，这也是对自己的投资负责的一种表现。基金公司网站会定期发布基金季报，投资者也可以通过基金销售网站查看基金的季报。

二、基金名称中的 A、B、C

在一些基金的名称中，除了前面介绍的三部分内容外，还加入了一个字母，一般为 A、B、C。这三个字母放在基金名称的结尾，有着不同的含义，投资者在选择基金时需要特别注意。

股票型基金与混合型基金名称后面有时候会加上 A、B、C 以作为区分。当然，有些基金也并不是 A 类、B 类、C 类基金全部都有，可能只有 A 类基金和 C 类基金。相同名称下的不同类基金，往往意味着不同的交易费用。

一般情况下，A 类基金属于"前端付费模式"基金，即申购费用在申购时扣除；B 类基金通常属于"后端付费模式"，即申购时不扣除申购费用，但在赎回时扣除申购费用；C 类基金属于"销售服务费用模式"，即申购和赎回时不扣费，申购费用按天在销售服务费用中扣除。

当然，上面属于常规的分类方法，有些基金在分类时可能会将属于 C 类基金的品种划分为 B 类，投资者若想了解该基金的具体收费模式，还要查看该基金的招募公告。目前，单纯的 B 类基金很少，多数为 A 类基金和 C 类基金。还有一些基金可以直接选择前端付费或后端付费，不区分 A 类基金和 B 类基金。

下面以易方达双债增强债券型基金为例，来看一下 A 类基金和 C 类基金的费用对比情况，如表 5-1 所示。

表 5-1 易方达双债增强债券型基金费用对比表

项目	易方达双债增强债券型 A	易方达双债增强债券型 C
申购费用	100 万元以下，0.8% 100 万元以上，500 万元以下，0.4% 500 万元以上，1000 万元以下，0.2% 500 万元以上，每笔 1000 元	——
赎回费用	7 天以内，1.5% 7 天（含）～30 天，0.75% 30 天（含）～365 天，0.1% 365 天（含）～730 天，0.05% 730 天以上，0%	7 天以内，1.5% 7 天（含）～30 天，0.75% 30 天以上，0%
管理费用	0.7%（每年）	0.7%（每年）
销售服务费用	0%（每年）	0.4%（每年）
托管费用	0.2%（每年）	0.2%（每年）

（注：销售机构不同，各项费用可能会有一定的优惠折扣）

从表 5-1 中可以看出，C 类基金在申购费用方面是有明显优惠的，但其销售服务费用却明显高于 A 类基金。对于喜欢长线持有基金的投资者来说，A 类基金更有优势；反之，则持有 C 类基金更为有利。

三、基础性评估指标：安全性、流动性、费用率、基金规模

在选择基金产品时，首先要考量一下这些基金产品的运行情况。以下这些基金指标可以帮助投资者判断基金运行的质量，如图 5-2 所示。

1. 安全性

安全性是基金评价指标中最重要、最核心的指标。从理论上来讲，目前大部分公募基金都是由第三方银行承担托管责任的，因而其安全性比较有保证。换句话说，只要是从正规渠道购买的合法的公募基金产品，在安全性方面都应该是没有问题的。特别是市场上的一些老牌基金公司的产品，更是接受了长时间的考验，其安全性更高。

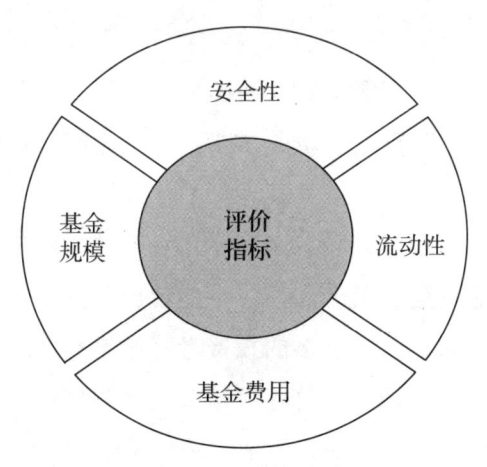

图 5-2　基金产品的基础性评价指标

2. 流动性

对于很多投资者而言，流动性也是评价基金的一个重要指标。很多投资者将资金投资于基金产品后，往往希望能够在自己需要资金时可以及时赎回基金，这就对基金的流动性提出了较高的要求。目前，市场上大多数基金产品都属于开放式基金，而开放式基金往往都具有较好的流动性。当然，从流动性这一点来说，封闭型基金可能存在一定的不足，毕竟在封闭期内，投资者是无法将基金份额赎回的。因此，投资者在选择基金产品前，首先要评估一下自身对于基金流动性的需求，然后再决定申购哪种基金产品。

3. 基金费用

基金费用也是基金投资中一项较大的成本。不同的基金品种，基金费用也会有所区别。例如，相对于股票型基金和混合型基金，债券型基金的申购、赎回以及持仓费用都较低。

4. 基金规模

基金规模也是评价一只基金运作情况的重要指标。一只基金的规模若是越来越大，说明市场上的投资者对其运作能力比较满意，越来越多的投资者愿意将资金交给该基金的基金经理来运营。反之，若一只基金的规模越来越小，则说明该基金的运作成果无法让投资者满意，越来越多的投资者选择赎回该基金。

投资者可以从基金产品的介绍中查看基金规模的变化情况。比如该基金发行的总份额是多少，当前的份额是多少，两者之间一对比，就可以看出基金规模是扩大还是缩小了。

当然，基金规模的变化还要参考整个市场环境的变化。例如，在股市下行期间，债券型基金的优势就会凸显，可能就会有越来越多的投资者申购债券基金。反之，若股市上行，更多的投资者开始将资金转向股市，债券基金的规模就会萎缩。这个时候，评价一只基金的运营情况，不仅要考虑基金规模自身的变动，还要将其与其他同类基金进行对比。

关于基金规模还要注意这样一点：当基金规模下降到一定程度时，则该基金有被清盘的风险，投资者应该及早赎回这样的基金。

在债券基金领域，还存在一种情况，即规模较大的基金往往能够获得质地和收益更好的债券产品。一方面，这些优质债券可能会有购买门槛，只有规模大的债券基金能够参与购买。另一方面，若基金规模过小，基金购买某一资产的比重过大，又会给整个基金的运营带来风险。总之，投资者在选择债券基金时，还是要尽量避免规模过小的基金品种。

四、评估基金产品的收益与风险

风险与收益是相辅相成的。投资者优先选择一些收益较高的产品时，也会面临较大的风险。换句话说，你要追求多大的收益，就要承担多大的风险。相比其他类型的基金产品，总体来说，债券型基金产品的收益和风险都是较低的。不过，即使同属于债券型基金这个大类，不同的基金品种，其收益和风险也有所不同。比如，混合型债券基金、纯债基金和可转债基金的收益差异就比较大。

通常情况下，投资者可以通过回顾基金历史业绩情况，来研判一只基金的总体收益与风险情况。图5-3所示为前海开源祥和债券基金的收益走势与债券基金平均收益、沪深300指数走势的对比。

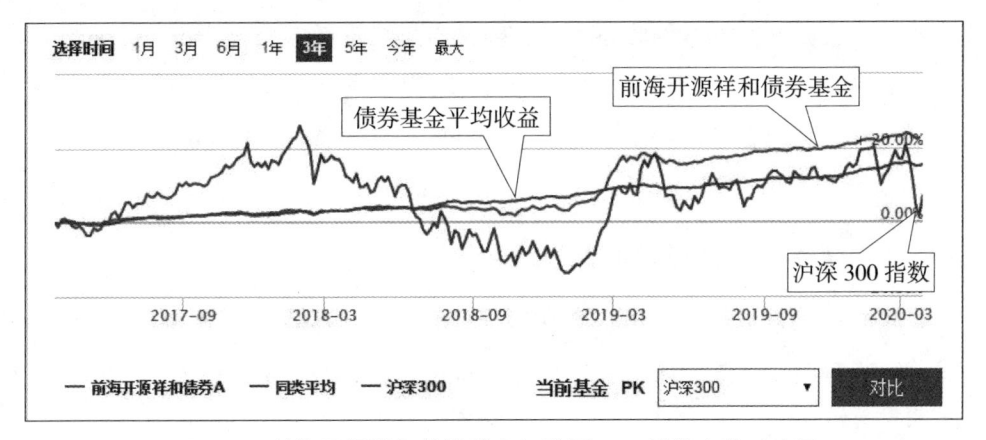

图 5-3　前海开源祥和债券基金与沪深 300 指数走势对比图

如图 5-3 所示，前海开源祥和债券基金的走势与债券基金平均收益走势基本吻合，但也受到了沪深 300 指数走势的影响。当沪深 300 指数出现大幅走高时，前海开源基金的净值走势也出现了一定的上扬；反之，当沪深 300 指数下跌时，前海开源的净值走势也出现了同步下降。

通过与同类债券基金平均走势的对比，投资者可以将债券基金品种做如下的划分。

第一类：高收益高风险类型。

这里的高收益高风险是相对其他债券基金而言的，通常为混合型债券基金。特别是那些股票持仓占比最高可以达到 40% 的偏股型混合基金，其风险与收益远非普通的债券基金可比。

第二类：低收益低风险类型。

这类债券基金通常为纯债基金，包括短债基金和超短债基金。由于这类基金的持仓中不包含任何股票，因而其走势通常比较稳定，即使偶尔出现下跌，但从长远来看，这类基金几乎不会出现亏损，除非其重仓的债券出现违约情况。也正因为如此，投资者在购买债券基金时，要重点关注一下这些债券基金的重仓债券，尽量回避那些存在风险隐患的债券以及相关的债券基金。

第三类：收益与风险平衡型。

这类债券基金一般为可转债基金和持有股票仓位在 20% 以下的混合债

券基金。这类债券基金的收益与股市走势有一定的关系，但由于其债券持仓占据了较大的比重，因而即使股市大跌，对债券基金的影响也不会太大。同时，在股市上涨时，也可以获得一定的超额利润。总之，其风险和收益都要大于纯债基金，又小于偏股型混合基金。

五、查看评级机构的评级

很多第三方基金评级机构会在每季度给出各个基金产品的评级数据。当然，一些新成立的基金或者表现较差的基金，不会被评级机构赋予评级。这些第三方机构的评级，往往能够为投资者选择基金产品提供较好的参考。

1. 评级机构

前面曾经介绍过债券评级机构。债券的评级与债券基金评级并不完全一样。与股票型基金相似，目前，比较专业且被广泛认可的基金评级机构比较多，大致可以分为两类：其一，国内的基金评级机构，包括银河证券、海通证券、上海证券、招商证券等证券公司和一些第三方评级机构，如济安金信等；其二，国外专业的基金评级机构，如晨星、理柏、惠誉等。

针对债券基金的评级，更多地体现在风险等级的评估方面。例如，投资者可在天天基金网任意一只基金的概况页面中的"特殊数据"页面看到该工具，如图5-4所示。

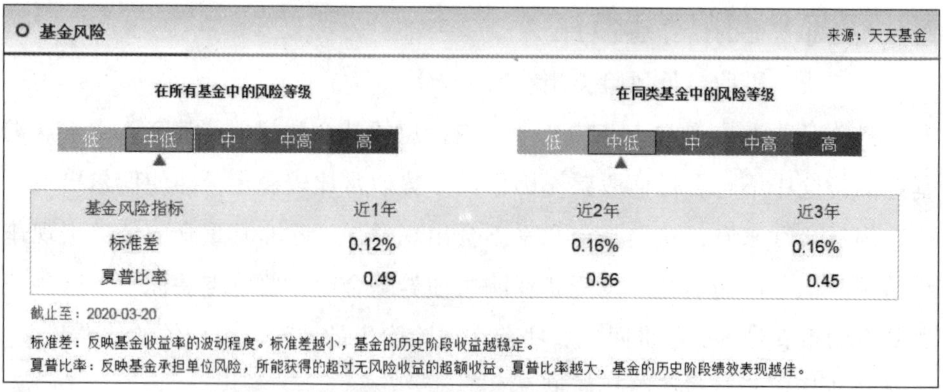

基金风险指标	近1年	近2年	近3年
标准差	0.12%	0.16%	0.16%
夏普比率	0.49	0.56	0.45

截止至：2020-03-20
标准差：反映基金收益率的波动程度。标准差越小，基金的历史阶段收益越稳定。
夏普比率：反映基金承担单位风险，所能获得的超过无风险收益的超额收益。夏普比率越大，基金的历史阶段绩效表现越佳。

图 5-4 某基金投资风格（来源：天天基金网）

图 5-4 为某基金的投资风格箱。从图中可以看出，该基金无论在所有基金中，还是在同类基金中，都处于风险较低的水平。

2. 评级标准

目前市场上对基金的评级通常划分为五星等级。也就是说，五星是评级机构为基金出具的最高评级，一星为最低评级。该评级只能代表该评级机构根据其对被评价基金的分析与研究得出的结论，并不能代表真实的基金水平。换句话说，这些评级机构给出的评级只能作为投资者的投资参考，但并不是唯一的标准。如图 5-5 所示。

评级日期	招商评级	上海证券评级 三年期	上海证券评级 五年期	济安金信评级
2019-12-31	--	★★★★	★★★★★	★★★
2019-09-30	--	★★★★	★★★★	★★★★
2019-06-30	--	★★★★	★★★★	★★★★
2019-03-31	--	★★★★	★★★★	★★★
2018-12-31	--	--	--	★★★★
2018-12-28	--	★★★★	★★★★	--
2018-09-30	--	★★★★	★★★	★★★★
2018-06-30	--	★★★★★	★★★	★★★★
2018-03-31	--	★★★★★	--	★★★★
2017-12-31	--	★★★★★	--	★★★★
2017-09-30	--	★★★	--	★★★
2017-06-30	--	★★★	--	★★★
2017-03-31	--	★★★★	--	★★★★

图 5-5 某基金评级数据（来源：天天基金网）

图 5-5 为招商证券、上海证券和济安金信等三家评级机构为某基金做出的评级，招商证券没有为该债券基金做出评级。从图中可以看出，两家评级机构最新的评级从三星级到五星级不等，这说明该基金的整体运营情况相对较好。

当然，并不是说获得五星级评价的基金，其收益表现一定会比四星级或三星级好，只是获得五星级评价的基金获得优异表现的概率更大一些而已。

六、评估基金产品业绩表现

由于基金投资标的不同，基金面对的市场环境不同，评估基金产品的业绩表现时，不能进行简单的对比，也不能简单地分析盈利还是亏损。其实，每只基金在成立时，都已经设定了业绩对照标准。

业绩对照标准是基金运作质量的重要参考指标，也是评价基金经理运作水平的一个指标。每只基金的基金经理的目标都是努力超越业绩对照标准。当然，基金属性不同，业绩对照标准也会有所不同。例如，股票型基金经常会将沪深300指数列为业绩对照标准，而债券型基金的业绩评价标准一般为相关的全债指数。

具体到某只基金，其业绩对照标准的设定可能更为复杂。下面来看一下建信纯债基金的业绩对照标准，如图5-6所示。

基金全称	建信纯债债券型证券投资基金	基金简称	建信纯债债券C
基金代码	531021（前端）	基金类型	债券型
发行日期	2012年10月17日	成立日期/规模	2012年11月15日 / 168.688亿份
资产规模	8.13亿元（截止至：2019年12月31日）	份额规模	6.0417亿份（截止至：2019年12月31日）
基金管理人	建信基金	基金托管人	光大银行
基金经理人	黎颖芳、彭紫云	成立来分红	每份累计0.00元（0次）
管理费率	0.60%（每年）	托管费率	0.20%（每年）
销售服务费率	0.35%（每年）	最高认购费率	0.00%（前端）
最高申购费率	0.00%（前端）	最高赎回费率	1.50%（前端）
业绩比较基准	中债综合全价(总值)指数 ← 业绩对照标准	跟踪标的	该基金无跟踪标的

图5-6 建信纯债债券型证券投资基金的业绩对照标准（来源：天天基金网）

图5-6为建信纯债债券型证券投资基金的业绩对照基准。该基金的持仓标的全部为债券。从图中可以看出，该基金运作的收益目标为"中债综合全价（总值）指数"。

投资者可将基金当前运行情况与业绩对照标准进行对比分析，若基金净值走势优于业绩对照标准，说明基金运作情况较佳，反之，则说明基金运作情况不佳。

除了单只基金与业绩基准对比之外,投资者还可以参照每一年度的基金排名情况。通常情况下,每年年初都会对上一年度基金的收益情况进行综合排名。当然,这个排名是分类的。

借助这个排名,投资者可以看出自己拟投资的基金在整个基金体系中的排名情况。当然,并不是前一年度排名越高,以后年度收益就越好,但至少可以为投资者提供一个投资参照,尤其是要避开那些排名靠后的基金。

第二节 看业绩选基金经理

基金经理是一只基金的掌舵人,基金经理的操作思路和手法,直接决定了基金运营的效果。同样属于某一类型的基金,由不同的基金经理操盘,带来的收益可能完全不同。从某种意义上来说,选基金本质上就是在选基金经理。

一、了解基金经理的背景

英雄不问出处,但作为专业性很强的金融领域,丰富的任职经历,深厚的金融背景,还是会给人一种安全的感觉。这就如同你把自己的钱交给一个陌生人去经营、打理,你肯定想知道这个人的背景资料,他到底有没有能力让自己的钱增值等。

一般情况下,一个人能够被任命为一只基金的基金经理,应该都经历了较长时间的磨炼,做过很长时间的分析员、研究员一类的职务。但是,随着近些年基金行业的大扩容,确实也有一些经验、水平不足的管理者被推上基金经理的位置。正因为如此,投资者在买入基金之前,一定要仔细查看拟购入基金的基金经理背景。在基金经理的背景资料中,以下三项应该特别关注,如图5-7所示。

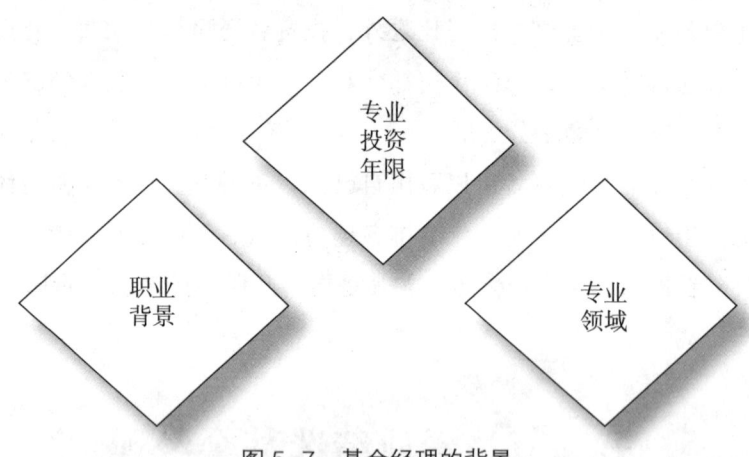

图 5-7　基金经理的背景

第一，专业投资年限。并不是说年龄越大的基金经理，就一定比年轻的基金经理能获得更多的投资收益，但过于年轻的基金经理，其运营资产的时间肯定较短。毕竟债券基金也不是买入债券并长期持有那么简单，还涉及很多质押式回购操作等业务，同时，债券的选择也是一门学问，如何选择风险等级较低且收益较佳的标的，都是需要基金经理仔细甄别的。

关于专业投资年限，投资者还可以参照基金经理介绍页面的累计任职时间一栏。在天天基金网等各类专业基金网站上，都有各基金经理累计任职时间的介绍。这个累计任职时间指的是该基金经理自初次担任基金经理以来累计担任基金经理的时间。

第二，职业背景。尽管大部分基金经理都出身于与投资相关的专业，但其后的职业发展路径也是需要投资者重点关注的。通常情况下，投资研究员、经理助理等岗位，都是正式成为基金经理前不可或缺的职业经历。当然，这部分职务任职的时间长短同样非常重要，一般都需要两年以上的任职时间，才能积累相应的经验。如果在成为该公司基金经理之前，就已经有了一些基金公司基金经理的任职经历则更好。除此之外，投资者还可以通过查看基金经理以往的投资经历来判断其操作手法，很多债券基金的基金经理都是在债券行业奋战多年的老兵，经验都比较丰富。

第三，专业领域。每个人都有各自擅长的领域，基金经理也不例外。有些基金的基金经理介绍页面，会展示该基金经理擅长的领域，有些基金可能没有展示。不过，投资者可以通过该基金经理负责的基金性质来判断其专业领域。图 5–8 所示为金信基金旗下的基金经理周余负责的基金信息。

周余管理过的基金一览

基金代码	基金名称	相关链接	基金类型	规模（亿元）	任职时间	任职天数	任职回报
008572	金信民达纯债C	估值图 基金吧 档案	债券型	--	2020-03-14 ~ 至今	12天	-
008571	金信民达纯债A	估值图 基金吧 档案	债券型	--	2020-03-14 ~ 至今	12天	-
004402	金信民旺债券C	估值图 基金吧 档案	债券型	0.05	2017-12-04 ~ 至今	2年又113天	**2.34%**
004222	金信民旺债券A	估值图 基金吧 档案	债券型	0.02	2017-12-04 ~ 至今	2年又113天	**3.74%**
004401	金信民兴债券C	估值图 基金吧 档案	债券型	0.05	2017-03-08 ~ 至今	3年又19天	**21.30%**
004400	金信民兴债券A	估值图 基金吧 档案	债券型	4.76	2017-03-08 ~ 至今	3年又19天	**107.94%**

图 5–8 基金经理周余所负责的部分基金（来源：天天基金网）

从图 5–8 中可以看出，该基金经理的投资领域比较偏向于债券类基金，这就为投资者选择基金提供了一个重要参考。

二、了解基金经理的运作成绩

虽说历史成绩并不代表未来，但是基金经理过往取得的成绩却可以为投资者判断基金经理的能力提供一定的参照，如图 5–9 所示。

周余现任基金业绩与排名详情

当年排名

基金代码	基金名称	基金类型	近三月	同类排名	近六月	同类排名	近一年	同类排名	近两年	同类排名	今年来	同类排名
008572	金信民达纯债C	债券型	-	-|-	-	-|-	-	-|-	-	-|-	-	-|-
008571	金信民达纯债A	债券型	-	-|-	-	-|-	-	-|-	-	-|-	-	-|-
004402	金信民旺债券C	债券型	**10.90%**	4|2088	**5.97%**	146|1938	**-1.25%**	1638|1659	**9.29%**	900|1220	**9.85%**	3|2101
004222	金信民旺债券A	债券型	**11.01%**	3|2088	**6.19%**	130|1938	**-0.82%**	1634|1659	**10.20%**	799|1220	**9.95%**	2|2101

图 5–9　基金业绩表现（来源：天天基金网）

图 5–9 为金信基金旗下的基金经理周余所负责的基金及其任职期间的基金业绩表现。投资者在查看基金经理的业绩表现时，需要重点关注这样几个方面。

第一，关注单只基金的任职回报数据。

单只基金的任职回报数据，反映了该基金经理任职某只基金的业绩表现情况。任职回报数据越好，说明该基金经理的运作能力越强。

第二，关注任职回报数据与同类基金平均情况的对比。

由于基金经理任职期间经历的股市周期不同，其任职回报数据也会出现不同的波动幅度。例如，基金经理任职期间若遇到大牛市，则其任职回报数据可能会比较高；若遇到大熊市，则其任职回报数据就会比较低。将任职回报数据与同类基金平均回报数据进行对比，可以看出该基金经理的操作水平与市场平均水平的对比情况。换句话说，只有任职回报数据超过同类平均水平，才能称为优秀的基金经理。

第三，查看同类排名。

通过基金经理负责的基金在同类基金中的排名对比，可以查看该基金在整个行业中的位置。例如，图5-9中，周余负责的"金信民旺债券C"的同类排名为"3/2102"，也就是说，该基金在同类2101只基金中排第3名，这是非常优秀的成绩。当然，这种排名会因为评估周期的不同而发生变化。

三、关注基金经理的变动情况

一般来说，基金运作的成果是需要很长时间才能检验出来的，短期操作很难看出一个基金经理的真实水平。尽管每家基金公司都有专门的投资决策委员会，每只基金都有特定的投资方向，但仍然不能否认基金经理在具体操盘中的作用。每位基金经理都有各自的投资风格与偏好，因而，当基金更换基金经理时，往往意味着基金投资风格发生转变。正因为如此，投资者必须慎重对待基金经理变动的情况。

第一，正确认识基金经理的更替。

从某种意义上来讲，基金经理的更替是一种必然。毕竟一只运营良好的基金可能会运行若干年，而基金经理作为一名普通职员，在一家基金公司任职的时间很可能会少于基金运营的时间，这时基金经理的更换就是不可避免的。

当然，更换基金经理并不意味着基金收益会减少，投资者必须理性地看待这种变更，不能因为基金经理更换就赎回基金。

第二，警惕频繁更换基金经理的基金。

基金经理的更换是再正常不过的情况，但这并不意味着频繁地更换基金经理是一个向好的信号。一只基金的基金经理若出现频繁更替，则更多的可能是基金运营存在问题或基金公司本身存在问题。无论是何种原因，投资者都应该考虑远离这类基金，以确保自己资金的安全。

当一只基金的基金经理经常性地出现更替，可能会使这些基金经理根本无心规划基金投资活动，就会对投资者的投资收益产生严重的影响。

第三节 选基金要关注基金公司

与基金经理所起的作用相比，基金公司的作用更为重要。很多基金公司都有自己的投资决策委员会，这个投资决策委员会会制定旗下基金的投资策略与规划，并由基金经理负责执行。也就是说，基金投资的大方向大多是由基金公司把控的。由此可见，基金公司在基金投资方向上所起的作用是非常重要的。

一、了解基金公司的背景

投资基金，就是要将自己手中的资金交给基金公司打理，因而基金公司的情况，投资者一定要有所了解。在调查基金公司信息方面，投资者需要重点关注以下四方面的内容，如图5-10所示。

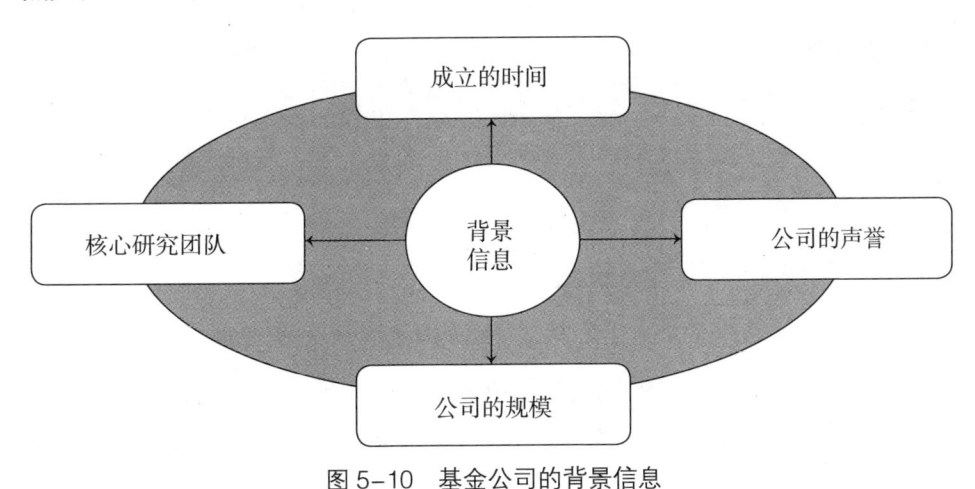

图5-10 基金公司的背景信息

第一，基金公司成立的时间。

并不是说成立时间越长的公司就越值得信赖，但一家运营了很多年且声誉较佳的基金公司，肯定会比一些新成立的公司更容易给人一种安全的感觉。特别是一些老牌的基金公司，他们在长期的经营中积累了大量的投资经验。

第二，基金公司的规模。

考量基金公司规模的指标包括这样几个：其一，基金公司运营的资产规模；其二，基金公司旗下的基金数量（尤其要关注获得第三方给予五星级评价的基金数量）；其三，基金公司旗下基金经理的数量（特别是那些运营五星级基金的基金经理的人数）。

以上各项指标的高低，反映了一个基金公司真实的实力水平，而这种实力水平很可能影响基金未来的投资收益和资金安全。

第三，基金公司的声誉。

基金公司的声誉是一个相对宽松的评价指标。投资者如果一时很难判断一家基金公司声誉的好坏，可以考虑借助反向指标来看待这个问题。比如一家基金公司连续发生违规违法事件，该公司的信誉就值得怀疑，投资者应远离这类企业。

第四，核心投资研究团队。

一家优秀的基金公司，必然会有一支优秀的投资研究团队。前面介绍过，基金经理会根据基金公司投资决策委员会的决策进行具体的投资活动，那么，每家基金公司投资决策委员会的组成就显得非常重要了。投资者在选择基金公司前，需要对该基金公司的投资研究团队进行了解，特别是这个研究团队的核心人物更为关键。

二、关注基金公司的投资方向

目前，市场上除了华夏、汇添富、易方达几家大型综合性的基金公司外，大多数基金公司都有比较明确的投资方向。这些规模一般的基金公司和大型基金公司竞争的策略，一般都是在自己专注的领域获得优势地位，然后利用自身的这些优势赢得市场，赢得客户。

投资者在选择基金公司时，要考虑一下这些基金公司的专长领域。例如，有的基金公司比较善于投资固定收益类产品，有的基金公司则比较关注海外投资市场等。投资者可以从这些基金公司旗下的基金产品分类以及投资回报率方面看出其专注的领域。

很多大型基金公司会定期或不定期地发布一些投资分析报告，这些投资分析报告可能是关于年度的综合性投资分析，也可能是关于某一领域的投资情况分析。这些投资分析报告一方面可以为投资者接下来的投资活动提供指导，另一方面也能够反映出基金公司擅长的领域和研究方向。

三、对比基金公司的业绩表现

基金公司的业绩主要表现在这样两个方面：其一，收益排名情况；其二，基金公司规模变化情况。

1. 从收益排名看业绩表现

前面曾经提到过基金产品业绩排名的问题。事实上，这个排名主要是针对单只基金产品的。不过，由于每只基金产品都会按照自家基金公司投资决策委员设定的投资规划进行布局，因而，在基金排名方面就会呈现出集群化倾向，即同一基金公司的多只基金产品要么排名都比较靠前，要么排名都比较靠后。

其实，这时候就能看出一家基金公司的整体运营情况了。投资者在选择基金产品时，还是应该选择那种多只基金产品收益排名靠前的基金公司的产品。

2. 从规模变化看业绩表现

很多第三方机构每年都会发布一次基金公司资产总规模排名和资产规模总额。这个资产规模的排名，一方面可以帮助投资者认清行业内基金公司的规模对比情况；另一方面通过连续几年基金公司规模变化情况，也可以看出基金公司的整体运营情况。例如，有的基金公司可能资产规模上升较快，有的可能下降较快，都能够在一定程度上反映出市场上的投资者对该基金公司的认可和信赖程度。

　　当然,投资者需要了解这个规模与排名情况,但也不能唯排名论。有些基金公司可能在某一年度发行了较多的基金,使其资产出现了较大幅度的提升,有的基金公司则是单纯地因为投资者申购量的提升而促成了规模的增加,这两种情况的内在含义是不同的。

第六章

纯债基金投资策略

在债券基金市场上,纯债基金是最大的一个分类,也是债券基金中防御性能最好的一个品种。无论是可转债基金还是债券混合基金,其资产中都包括了一定比例的股票,因而基金收益不可避免地会受到股市走势的影响,而纯债基金由于不涉及任何股票,使其在股市下行时具有了典型的防御功能。

第一节 纯债基金投资分析

对于基金产品的分析,需要从以下几个方面入手,包括投资范围、收益影响因素、投资风险以及典型基金产品等。

一、纯债基金投资范围及特征

纯债基金的投资范围多为流动性较好、风险较低的固定收益类金融产品。纯债基金持有的投资产品,一般具有如下几个典型特征,如图6-1所示。

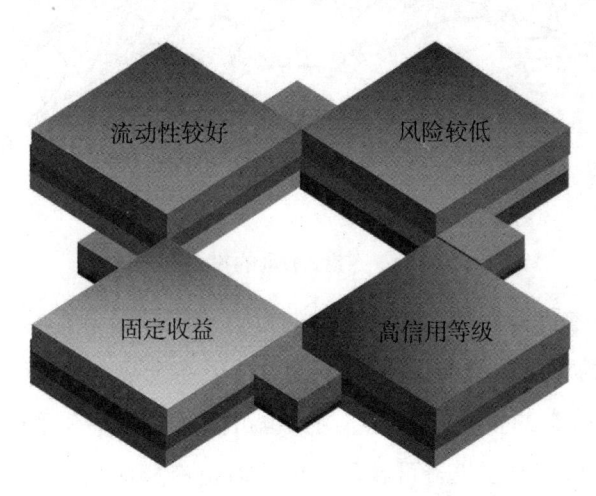

图6-1 纯债基金投资产品的典型特征

第一,流动性较好,能够随时变现,以应对投资者的日常赎回操作。

第二,风险较低。股票、权证或可转债等高风险的投资产品肯定不会列入投资范围。

第三，固定收益产品，即能够按照约定日期收回本息的金融产品。利率要么是随着市场利率的波动随时调整，要么就是投资时已经明确载明了票面利率。

第四，高信用等级产品。由于债券产品是没有任何抵押物的，因而基金经理在建仓债券产品时，一般会从市场中选择信用等级较高的产品。

根据债券产品的不同，纯债基金建仓的产品包括但不限于以下几类，如图 6-2 所示。

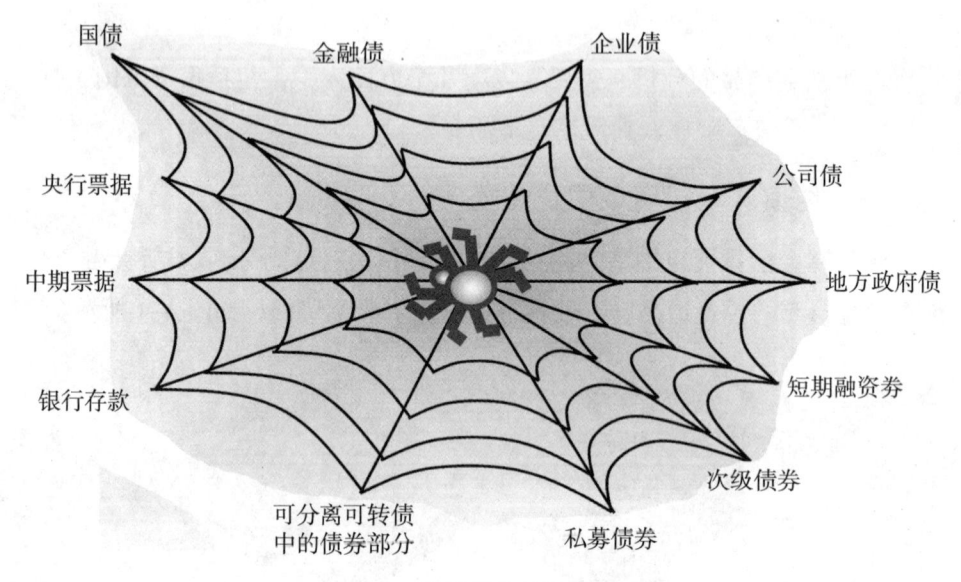

图 6-2　纯债基金的投资范围

从图 6-2 中可以看出，纯债基金的投资范围倾向于有固定收益的债券类资产，其收益相对比较稳定。正因为如此，纯债基金很少出现亏损的情况。（个别纯债基金因持有的企业债出现违约，也可能会造成基金亏损。）

有些纯债基金可以投资可转债，但同时也有相应的限制：这部分基金在将债券转股后六个月内必须卖出。这条规定的存在，让一些纯债基金可以通过申购可转债并交易可转债获利。当然，这也增加了这部分纯债基金的风险。

通过对纯债基金投资范围的介绍可以看出，这类基金具有良好的抗风险性，属于保守型投资者的首选投资标的。

目前，纯债基金内部还包括诸多细分类别的债券基金品种，具体来说包括以下几类。

第一，按持仓债券的期限划分：中短债基金、超短债基金；

第二，按债券封闭时间划分：一年期定开债基金、18个月定开债基金、三年期定开债基金；

第三，按专项债券领域划分：金融债纯债基金、国债纯债基金、政策性金融债基金等。

二、纯债基金收益影响因素

纯债基金的收益主要来自于债券的票面利率、质押式回购交易、净价价差等方面。一般来说，对纯债基金的收益造成影响的因素包括以下几个方面。

第一，票面利率。

金融债、企业债、中期票据等债券的票面利息，仍是债券基金的主要收益来源。因此，企业或银行等机构发行债券的票面利率高低，是决定债券基金收益的主要因素。

第二，市场利率。

很多债券基金都会采用质押式回购的方式放大债券基金的投资规模，通过质押债券获得的资金，再购买债券，如此循环操作。在这种操作中，市场利率与债券票面利率之间的差额，也是债券基金的主要收益来源。当市场利率走高时，债券基金的质押式回购操作就会遇到利差较少的问题。同时，当市场利率走高时，国债收益率随之走高，而国债投资属于无风险投资，当该类资产收益走高后，市场上的资金就会涌入国债领域，从而造成债券基金"失血"，这也可能进一步造成债券基金收益走低。

第三，基金经理的操作水平。

从理论上来说，市场上的债券票面利率相差不多，而市场利率又是相同的，各类纯债基金的收益也应该大致相同。然而，由于基金经理的操作手法存在差异，比如杠杆率设置的高低、选择企业债券的信用等级不同，最终也会造成纯债基金收益出现一定的差异。因此，投资者在选择债券基金时，还要重点研究债券基金基金经理的操作水平。

三、纯债基金投资风险分析

对投资者而言，纯债基金的投资风险主要源于以下几个方面，如图6-3所示。

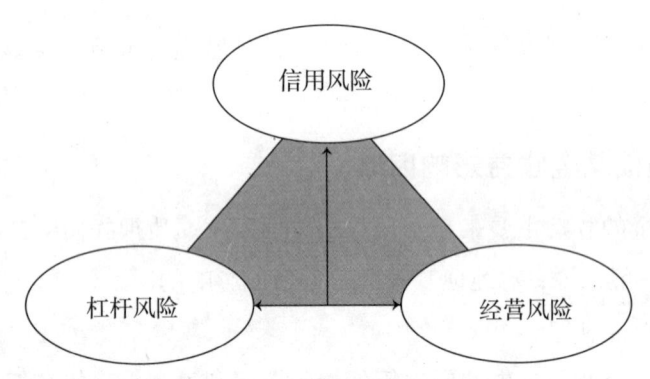

图6-3 纯债基金面临的三大风险

第一，信用风险（即债券违约风险）。

正常情况下，债券基金持有的各类债券到期后，会获得约定的本金和利息。但是，个别企业因经营出现问题，债券到期后无法偿付，造成债券违约。若违约一段时间还好，如果企业陷入经营困境甚至破产，债券基金可能就不得不将持有的债券进行减值处理，甚至按零价值债券处理，就会造成债券基金的大幅亏损。

债券基金在购入债券前，一定会预先考虑这种情况，因而大多会采取两种应对策略：其一，分散投资，每种债券的投资规模不超过10%，甚至不超过5%。这样，当某一债券出现违约时，最大亏损幅度也不会太高；其二，选择高信用等级的债券。正是因为企业债券存在一定的信用风险，所以，债券基金经理在投资债券时，大多比较倾向于选择高信用等级的债券。

第二，杠杆风险。

目前，大多数债券基金为了提升资金的利用效率，提高债券投资收益，都使用了杠杆手段，即通过将手中的债券质押，再利用获得的资金投资债券，这就使得很多债券基金的仓位超过了100%。

一般来说，借助杠杆，债券基金可以获得更高的收益，但同时也相当于将前面提及的信用风险进行了放大。也就是说，没有使用杠杆时，也许只有5%的资产可能会面临信用违约，但若使用了2倍的杠杆，则债券基金面临的信用违约风险就会增加至10%，更何况有些债券基金的杠杆放大了数倍的水平。

投资者在选择纯债债券基金时，需要考虑一下这些基金的杠杆率（查看一下债券持仓占比就知道了，如果持仓占比超过95%，就是使用了杠杆）。

通常情况下，债券基金中，定开型债券基金的杠杆率是最高的，其次为纯债债券基金，短债和超短债基金的杠杆率最低（一般不超过40%）。

第三，经营风险。

基金的运营管理必须依靠基金公司的职业经理人，若基金管理团队出现问题，比如非正常的基金经理更换、决策或运营人员操作失误等，都可能给债券基金的投资者带来损失。正因为如此，投资者最好选择规模较大、运营较为稳定的基金公司。

四、典型的纯债基金品种——建信纯债

建信纯债债券型基金成立于2012年11月15日，其基本投资策略是：在严格控制风险并保持良好流动性的基础上，通过主动的组合管理为投资人创造稳定的当期回报，并力争实现基金资产的长期稳健增值。

1. 基金基本情况

建信纯债债券型基金的基本情况，如表6-1所示。

表6-1 建信纯债债券型基金基本情况表

所属基金公司	建信基金	创立日期	2012.11.15
基金规模	8.13亿元（2019.12.31）	基金评级	★★★★
现任基金经理	黎颖芳（2020.4.3）	任职开始时间	2012.11.15
基金经理任期回报	37.36%（2020.4.3）	任期沪深300涨幅	69.3%（2020.4.3）

从基金的基本情况介绍中可以看出，该基金整体规模不大，比较有利于基金经理的运作。该基金经理任职时间在七年以上（也就是说，从基金成立伊始，就由该基金经理主持运作），其间沪深300指数的涨幅为69.3%，本基金的涨幅为37.36%。尽管比照股市指数，该基金的收益并不理想，但该基金面临的风险也远远小于股票型基金。也就是说，从投资风险收益比考虑，该基金还是比较有优势的。

2. 基金持仓分布

截至2019年12月31日，该基金持仓债券按类别划分情况如图6-4所示。

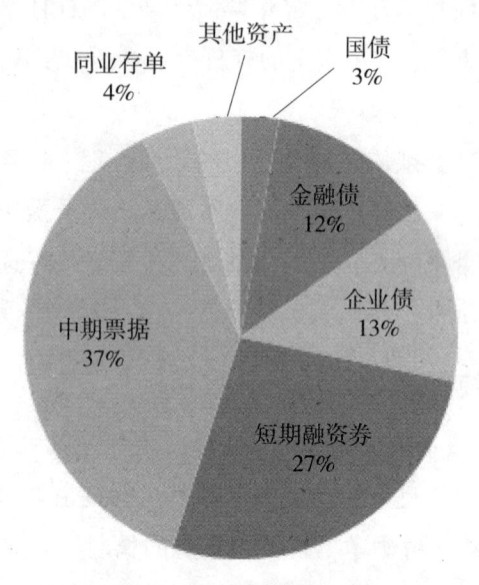

图6-4 基金持仓分布

从图6-4中可以看出，建信纯债基金近期持仓以短期融资券和中期票据为主，两者相加仓位占到了整个基金仓位的60%以上，这说明该基金比较看重短期的流动性。同时，很多企业的短期融资券和中期票据的评级都比较高（比如华能国际等企业的融资券的信用评级与国债的评级相同），且利率还高于国债和政策性金融债，正因为如此，债券基金大多比较热衷投资这些短期融资券。

该基金的五大持仓债券及市值占比，如表6-2所示。

第六章 纯债基金投资策略

表 6-2 建信纯债基金的五大持仓债券

序号	债券代码	债券名称	数量（张）	公允价值（元）	占基金资产净值比例（%）
1	190215	19 国开 15	2,000,000	197,960,000.00	9.85
2	101900981	19 建安投资	700,000	71,176,000.00	3.54
3	101660004	16 陕有色	500,000	51,045,000.00	2.54
4	041900033	19 冀中能源	500,000	50,375,000.00	2.51
5	155732	19 棉投 01	500,000	50,345,000.00	2.50

（资料来源：建信基金网站，截至 2019 年 12 月 31 日）

从表 6-2 中可以看出，建信纯债基金近期的持仓中，除了国开行（政策性金融债）之外，其他企业债的持仓占比都不大，最高的建安投资债券也仅占 3.54% 的仓位。也就是说，该债券基金为了控制企业债的风险，一般都不会让单一企业债仓位过大。

3. 基金收益情况

稳定，是纯债债券基金最典型的特征。如果用几年时间来观察纯债债券基金的净收益走势，就会发现这些纯债基金的收益曲线都呈现出典型的向右上方倾斜的态势。纯债基金的这种走势与股票指数的波动形态形成了鲜明的对比。下面看一下建信纯债债券基金的走势情况，如图 6-5 所示。

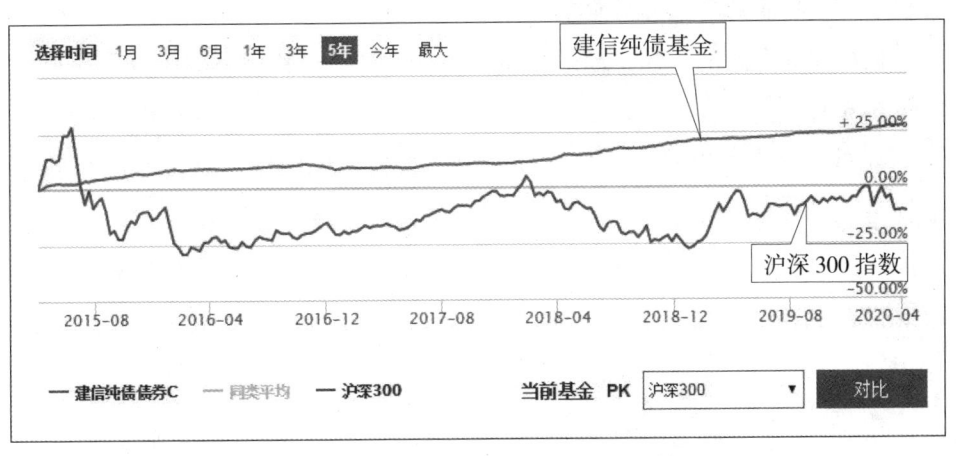

图 6-5 建信纯债基金与沪深 300 指数走势对比图

如图 6-5 所示，建信纯债基金在过去五年里的净收益达到了 27.3%，而同期沪深 300 指数的涨幅仅为 -10.97%。也就是说，投资者若过去五年里一直持有建信纯债基金，其收益要远远高于沪深 300 指数基金。同时，从二者的净值走势可以看出，沪深 300 指数的波动非常剧烈，而建信纯债基金的走势则一直比较平稳，长期呈现稳步上扬态势。其实，这也是很多保守型投资者选择纯债基金的原因所在。

第二节　纯债基金典型分类——超短债纯债基金

超短债基金属于纯债基金中的一个重要分支，也越来越被投资者重视。该类基金日益成为一些投资者替代货币基金的备选品种。

一、超短债基金的投资范围

从本质上来说，超短债基金的投资范围与纯债基金并没有区别，它只是选择到期日在一年以内的债券。也就是说，相对于普通的纯债基金，超短债基金拥有更好的流动性和安全性，但可能要牺牲一定的收益，毕竟短期债券的利率水平通常要低于长期债券。

根据债券产品的不同，超短债基金建仓的产品包括但不限于以下几类，如图 6-6 所示。

从图 6-6 中可以看出，超短债基金的投资范围与纯债基金完全相同。也就是说，纯债基金能够投资的领域，超短债基金都可以涉及。不过，在具体投资时，超短债基金的投资范围还是相对较小的，毕竟有债券到期日的限制。

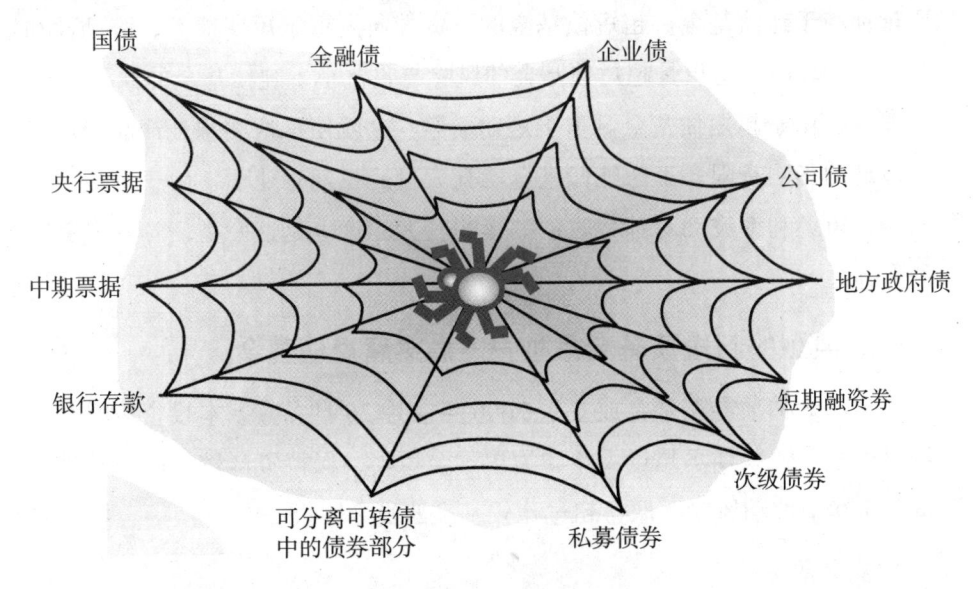

图 6-6　超短债基金的投资范围

二、超短债基金与普通纯债基金的区别

尽管超短债基金从属于纯债基金，且在很多方面与纯债基金相似，但也与纯债基金存在一定的不同。

第一，投资债券的到期日不同。这是超短债基金与纯债基金最核心的区别所在。超短债基金的投资品种，到期日多为一年以内，而普通纯债基金投资的品种，尽管也会有一些企业短期融资券，大多还是一些到期日相对较长的企业债、金融债等。

第二，风险与收益相对更低。一般来说，超短债的投资方向更偏重于短期金融工具，这就使得其属性与货币基金更为接近。货币基金是目前风险最低、收益也最低的投资产品。也就是说，超短债基金的风险与收益都比较低，特别是与纯债基金相对比时。由于纯债基金手中握有数量较大、到期日较长的企业债，这都使得其收益与风险均高于超短债基金。

第三，投资范围不同。尽管从规定的基金投资范围上来看，超短债基金与纯债基金没有明显不同，但在具体投资过程中，超短债基金的投资范围还是要远远小于纯债基金。超短债基金的投资方向侧重于短期债券，流动性和安全性相对较高，这也是超短债基金的风险与收益小于纯债基金的原因。

第四，由于超短债基金侧重于短期债券，这就使得这类基金产品受市场利率波动的影响有限。不像纯债基金持仓大量的长期企业债，由于企业债期限较长，市场利率波动对基金收益的影响较大，这也是这两类债券基金最明显的差异之一。

三、典型的超短债基金品种——嘉实超短债基金

嘉实超短债债券型基金成立于2006年4月26日，其基本投资策略是：控制投资组合的久期不超过一年，力求本金稳妥，保持资产较高的流动性，降低基金净值波动风险，取得超过比较基准的稳定回报。

1. 基金基本情况

嘉实超短债债券型基金的基本情况，如表6-3所示。

表6-3 嘉实超短债债券型基金基本情况表

所属基金公司	嘉实基金	创立日期	2006.4.26
基金规模	249.45亿元（2019.12.31）	基金评级	★★★★★
现任基金经理	李金灿（2020.4.3）	任职开始时间	2015.6.9
基金经理任期回报	17.66%（2020.4.3）	任期沪深300涨幅	-30%（2020.4.3）

从基金的基本情况介绍中可以看出，该基金整体规模较大，说明市场对该基金比较认可。该基金经理任职时间在四年以上，其间沪深300指数的涨幅为-30%，而本基金的涨幅为17.66%。比照股市的指数，尽管该基金的收益还不错，但要考虑该基金发行初始正处于牛市高点位置。从四年来的收益来看，17.66%的收益肯定要高于货币基金和一般性的银行存款，对于很多保守型投资者来说，该基金确实是一个不错的选择。

2. 基金持仓分布

截至2019年12月31日，该基金持仓债券按类别划分情况如图6-7所示。

从图 6-7 中可以看出，嘉实超短债基金近期持仓以短期融资券和银行存款为主，二者相加仓位占到了整个仓位的 60% 以上，这说明该基金比较看重短期流动性。同时，银行存款占比过高，也就意味着该基金为了应对投资者的赎回操作，牺牲了一定的投资收益。这也是超短债产品的一个特点，即在获得较高流动性的同时，也牺牲了一定的投资收益。企业债占比过低，也是超短债基金收益低于纯债基金的一个重要原因。

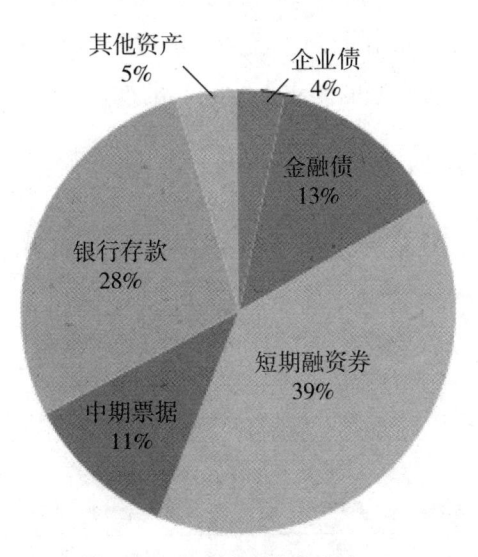

图 6-7 基金持仓分布

该基金的五大持仓债券及市值占比如表 6-4 所示。

表 6-4 嘉实超短债基金的五大持仓债券

序号	债券代码	债券名称	数量（张）	公允价值（元）	占基金资产净值比例（%）
1	190208	19 国开 08	5,000,000	503,000,000.00	2.02
2	041900286	19 汇金	4,000,000	400,520,000.00	1.61
3	190211	16 陕有色	3,390,000	339,474,600.00	1.36
4	091900027	19 中国华融债	3,000,000	302,370,000.00	1.21
5	1528010	15 交通银行债	2,600,000	261,066,000.00	1.05

（资料来源：嘉实基金网站，截至 2019 年 12 月 31 日）

从表6-4中可以看出，嘉实超短债基金近期的持仓中，持仓占比最高的国开金融债的仓位仅为2.02%。也就是说，该债券基金为了控制企业债的风险，极大地压低了单一债券的持仓占比。当然，这与该基金持有金融债和企业债相对较低有关。

3. 基金收益情况

流动性好，是嘉实超短债债券基金最典型的特征。如果用几年时间来观察超短债债券基金的净收益走势，就会发现这些超短债基金的收益曲线与纯债基金相似，都呈现出典型的向右上方倾斜的态势。

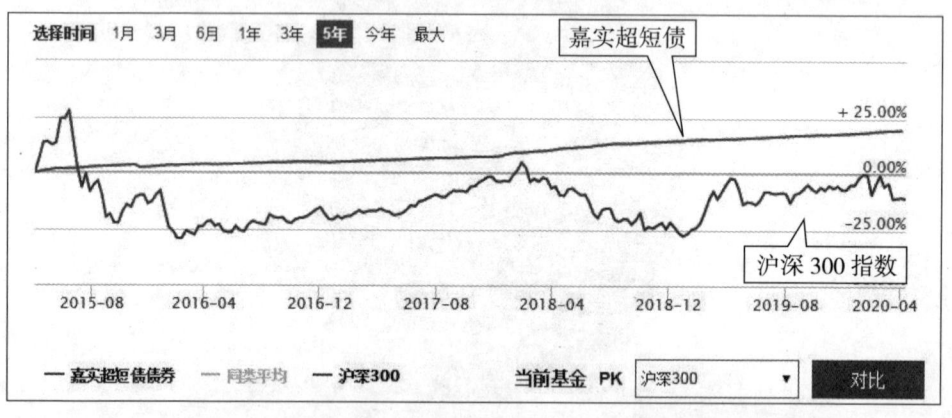

图6-8 嘉实超短债基金与沪深300指数走势对比图

如图6-8所示，嘉实超短债基金在过去五年里的净收益达到了19.79%，而同期沪深300指数的涨幅仅为-10.97%。也就是说，投资者若在过去五年里一直持有嘉实超短债基金，其收益要远远高于沪深300指数基金。同时，从二者的净值走势可以看出，沪深300指数的波动非常剧烈，而嘉实超短债基金的走势则一直比较平稳，长期呈现稳步上扬态势。

其实，对比上一节提及的建信纯债就可以看出，从长期来看，超短债基金的收益是弱于纯债基金的，但从短期来看，超短债基金的走势更为稳定。也就是说，对于短期内可能有资金需求的保守型投资者来说，超短债基金可以作为货币基金的替代品。反之，若资金在短期内没有使用的要求，选择纯债基金也是不错的。同时，相对于长债纯债基金，短债或超短债基金由于持有债券期限较短，很容易根据市场环境的变化进行调整（如加息），而长债基金的调整能力肯定要弱于短债或超短债基金。

第三节　纯债基金典型分类——国债纯债基金

国债纯债基金也是纯债基金领域的一个分支。不过，相对于超短债基金来说，国债纯债基金的影响力稍低，参与的投资者相对较少。

一、国债纯债基金的投资范围

从名称上可以看出，国债纯债基金的投资对象为国债产品，同时也可以投资于其他金融工具。具体来说，国债纯债基金的投资范围如图6-9所示。

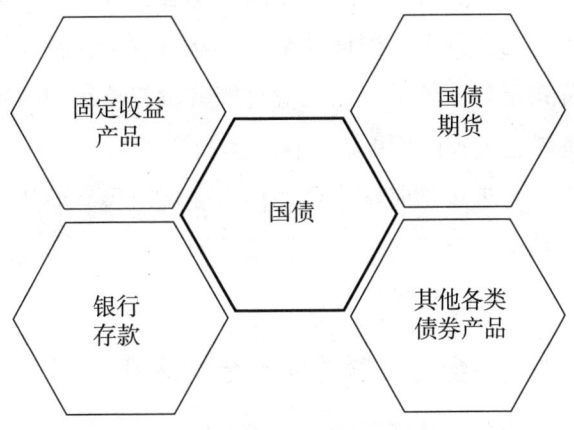

图6-9　国债纯债基金的投资范围

从国债纯债基金的投资范围中可以看出，该基金的投资是以国债为核心的（一般持仓占比需要超过80%），同时还可以投资其他债券产品。也就是说，从投资范围来看，国债纯债基金与其他纯债基金并无不同，但投资的重点却截然不同。

二、国债纯债基金与国债的区别

国债基金和国债从名称上看很接近,但其实是完全不同的两个品种。

第一,国债纯债基金本质上是一种纯债基金产品,只不过这种基金产品是以国债为投资标的的;而国债则不同,它就是一种债券,且是一种信用等级极高的债券。

第二,风险不同。投资国债是不会有任何风险的,只要持有国债,到期自然会获得本金和利息收益。投资国债基金则不同,由于它本质上属于基金产品,且这些基金都离不开基金经理的操作,这期间就会涉及到盈利与亏损的问题。特别是当基金经理进行质押式回购操作时,基金收益与市场利率的关系很大。也就是说,只有利率下行,国债基金的盈利才会提升,这一点与国债正好相反。

第三,收益不同。国债的收益相对比较固定,一般是参照票面利率或市场利率,而国债基金的收益则具有一定的波动性,且短期投资也有可能出现亏损。在利率下行的背景下,国债基金的收益可能会大幅高于国债;反之,在利率上行的背景下,国债基金的收益可能就没有那么理想了。而国债则不会出现亏损,也就是说,国债更适合保守型投资者。

第四,国债持有者可随时将手中的债券变现出售,而持有国债基金的投资者则需要考虑基金持仓时间与赎回费用的问题,一般持仓时间过短,都会被基金公司收取一定的赎回费。

三、国债纯债基金与普通纯债基金的区别

国债纯债基金与普通纯债基金在很多方面都是相似的,都是通过投资债券以获得收益,但也存在以下两方面的不同。

第一,投资方向不同。国债纯债基金从名称上就表明与其他纯债基金有区别。该类基金的投资方向主要是国债产品,其他纯债基金则不受这一限制。

第二,风险不同。国债基金的主要投资对象为国债产品,相对企业债券来说,其安全性更好,几乎没有什么风险。其他纯债基金则不同,其所投资的企业债券有些会存在一定的安全隐患。

四、国债纯债基金品种——工银国债纯债基金

工银国债纯债债券型基金成立于 2016 年 12 月 16 日,该基金的基本投资策略是:在严格控制风险的基础上,通过对国债的积极管理,追求基金资产的长期稳定增值。目前,以国债为核心标的的国债纯债基金数量较少,且规模普遍偏小。

1. 基金基本情况

工银国债纯债债券型基金的基本情况,如表 6-5 所示。

表 6-5　工银国债纯债债券型基金基本情况表

所属基金公司	工银瑞信基金	创立日期	2016.12.16
基金规模	0.18 亿元（2019.12.31）	基金评级	——
现任基金经理	张略钊（2020.4.10）	任职开始时间	2017.10.7
基金经理任期回报	13.49%（2020.4.10）	任期沪深 300 涨幅	-1.7%（2020.4.10）

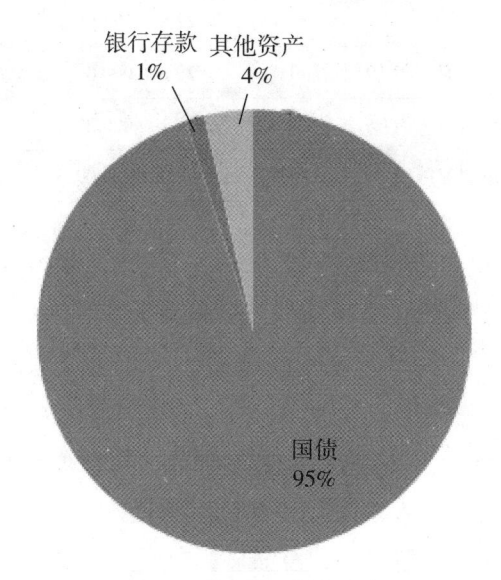

图 6-10　基金持仓分布

从基金的基本情况介绍中可以看出,该基金整体规模偏小,说明市场对该基金还缺乏认可。基金经理任职时间在两年以上,其间沪深 300 指数的涨

幅为 -1.7%，而本基金的涨幅为 13.49%。比照股市指数，该基金的收益还不错，但要考虑该基金发行初始正处于牛市高点位置。当然，从两年来的收益来看，13.49% 的收益肯定高于货币基金和国债收入，对于很多保守型投资者来说，该基金确实是一个不错的选择。

2. 基金持仓分布

截至 2019 年 12 月 31 日，该基金持仓债券按类别划分情况如图 6-10 所示。

从图 6-10 中可以看出，工银国债纯债基金近期持仓中，国债占据了绝对的优势地位，占到了整个仓位的 95% 以上。当然，这也是基金属性所决定的。同时，银行存款占比较低，这与整个基金规模相对较小，赎回操作不频繁有关。

该基金的五大持仓债券及市值占比如表 6-6 所示。

表 6-6　工银国债纯债基金的五大持仓债券

序号	债券代码	债券名称	数量（张）	公允价值（元）	占基金资产净值比例(%)
1	010303	03 国债（3）	244,270	24,881,342.00	29.34
2	010107	21 国债（7）	212,500	21,834,375.00	25.74
3	180019	18 付息国债 19	200,000	20,660,000.00	24.36
4	190016	19 付息国债 06	100,000	10,109,000.00	11.92
5	160015	16 付息国债 15	100,000	10,021,000.00	11.81

（资料来源：工银基金网站，截至 2019 年 12 月 31 日）

从表 6-6 中可以看出，工银国债纯债基金近期的持仓中，持仓占比最高的 03 国债（3）的仓位达到了 29.34%，同时，前五大重仓债券的占比达到了 103.17%。该持仓占比说明了两点：其一，该基金使用了质押式回购手法，使得持仓总比重超过了 100%；其二，该基金的持仓债券非常集中，这与该基金本身的属性有关。该基金为国债基金，所有的国债品种风险都是一样的，过分分散投资就失去了分散风险的意义。

3. 基金收益情况

集中投资，放大杠杆，是工银国债纯债债券基金最典型的一个特征。如果用几年时间来观察工银国债纯债基金的净收益走势就会发现，纯债基金的收益曲线与超短债基金相似，都呈现出典型的向右上方倾斜的态势。

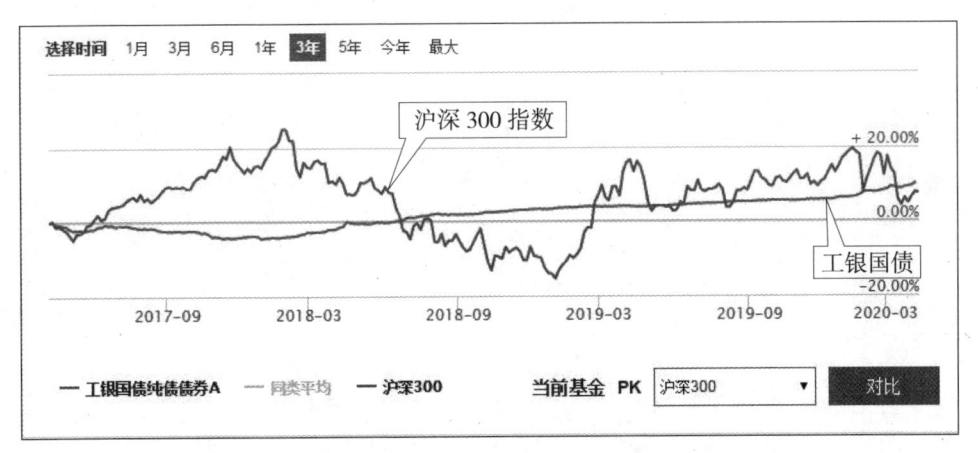

图 6-11　工银国债纯债基金与沪深 300 指数走势对比图

如图 6-11 所示，工银国债纯债基金的走势波动非常小，且一直向右上方倾斜。观察此时的沪深 300 指数可知，该指数的波动非常剧烈。我们以三年为观察期限可以发现，工银国债基金的涨幅为 10.19%，而沪深 300 指数的涨幅仅为 7.85%。也就是说，若以三年为限，保守型投资者的收益还要好于激进型投资者。

目前，市场上还存在一些与国债纯债基金相似的纯债基金，如金融债纯债基金、政策型金融债纯债基金等。还有一些以某一政策性银行债券为专项投资标的的纯债基金，如富国中债国开行债等。这些基金的投资范围都有特定的指向，与国债纯债基金相似，这里就不再进行详细介绍了。

第七章

混合债券基金投资策略

　　混合债券基金是债券基金中的一个另类，其本质上已经属于混合基金了，但由于股票持仓限额的问题，使得其仍被划入了债券基金。从混合债券基金的名称中也可以看出该类基金的持仓特点，即持仓中既包括了债券，又包括了股票，而且随着股市的波动，债券和股票的持仓占比是能够进行动态调整的。

第一节 混合债券基金投资分析

对于基金产品的分析，主要从以下几个方面入手，包括投资范围、收益影响因素、投资风险以及典型基金产品等几个维度。

一、混合债券基金的投资范围

尽管混合债券基金在具体的持仓分布与占比方面有所不同，但其具体的持仓构成基本相似，这就使得混合债券基金大都具有如下几个特点，如图7-1所示。

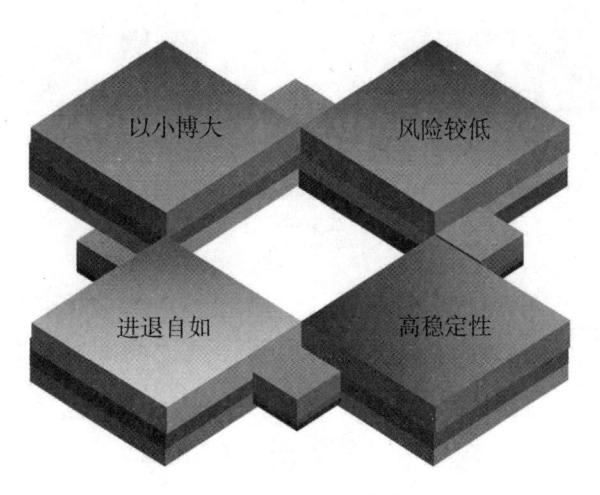

图7-1 混合债券基金的典型特征

第一，以小博大是混合债券基金最突出的一个特点。该类基金希望通过较少的股票配置，达到增强整个债券基金收益的目的。由于股票的波动性大大高于债券，因此，当股市进入上行通道后，该类基金的优势将会得到最大程度的发挥。

第二，风险较低。由于股票、权证或可转债等高风险投资产品占整个基金资产的比重较小，使得股市进入下行通道或大幅下跌时，对基金本金的影响相对较小。

第三，进退自如，即基金经理可以根据市场环境调整股票类风险资产的持仓占比，最低可将仓位将至 0。这就意味着，在股市进入下行通道后，该基金仍然可以通过投资债券获得盈利；反之，当股市走牛后，再将股票类风险资产的投资比重调至最大，可提升基金的整体收入。

第四，高稳定性。由于该类基金具有上述几个特征，使其收益比其他基金更加稳定。也就是说，无论股市朝哪个方向运动，基金都可以采取相应的对策。相比之下，纯债券基金或股票型基金则受到相关规则的制约，无法将仓位调整至极限水平。

通常情况下，各类混合债券基金的差异，只体现在各类资产的占比方面，其投资方向大致都是相同的，主要包括以下几类，如图 7-2 所示。

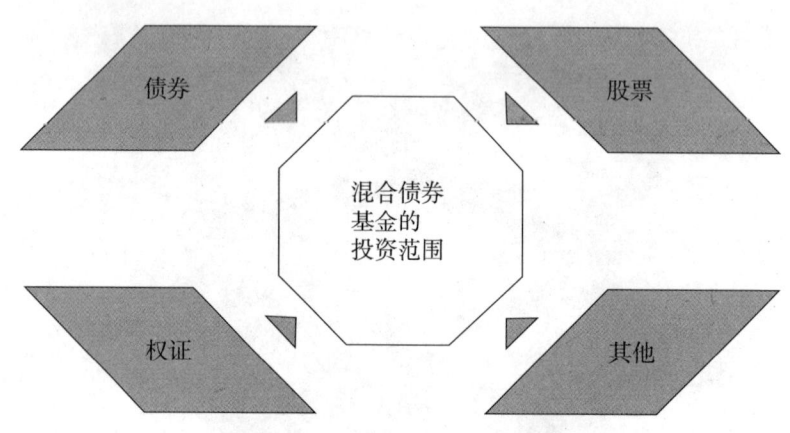

图 7-2 混合债券基金的投资范围

从图 7-2 中可以看出，混合债券基金投资范围涵盖的资产范围比较广，包括股票、债券、权证以及各类经证监会批准的资产。当然，由于债券基金的性质不同，各类资产的投资占比还是会有所不同的。

第一，偏债类混合基金。这类基金中股票类风险资产的占比最高可以达到40%，属于混合债券基金中风险与收益均为最高的一类。

第二，二级债基。前面曾经说过，二级债基的资产构成中，股票类风险资产的最高持仓占比一般不超过20%。也有一些混合债券基金，股票类风险资产的占比甚至不超过10%。

前面提到，由于一级债基不再参与股票打新，使得这些一级债基与纯债基金更加接近，这里不再介绍，后面将重点围绕偏债类混合基金和二级债基进行详细的介绍。

二、影响混合债券基金收益的因素

混合债券基金的收益主要来自于股票价格波动的收益、债券的票面利率、质押式回购交易、净价价差等方面。因此，对混合债券基金的收益造成影响的因素包括以下几个方面。

第一，整体经济环境。

整体经济环境对股市、债市都具有重要的影响。当整个国民经济进入上行通道时，就会出现投资过热的现象，于是市场利率就会不断走高，股市上扬，债市走弱。此时，尽管占据基金份额较大的债券收益走低，但由于其持仓的股票上升幅度可能更大，也可能带动整个混合债券基金的收益走高。反之，当经济下行后，股市就会下挫，债市走强，此时，混合债券基金的收益在很大程度上与基金经理的操作有着直接的关系。

第二，股票市场行情。

尽管股票资产占混合债券基金的总体比重较低，但由于股票的波动幅度远远大于债券，这就使得股票持仓达到上限的混合债券基金的收益往往与股市走势相一致。特别是股市上行时，混合债券基金的收益会远远高于纯债基金。当然，在股市进入下行通道后，基金经理通过将股票资产清零，则可避免基金收益持续下滑。

第三，基金经理的操作水平。

从理论上来说，混合债券基金的总体收益受基金经理操作水平的影响要远远大于纯债基金。除了具体的选股操作、债券运作之外，对股市运行趋势的判断，更是考验基金经理的一个重要指标。在股市下行趋势到来时，能够充分利用混合债券基金的优势对股票等风险资产及时减仓，并在牛市启动时及时增加股票仓位，对于提升混合债券基金的收益都是非常重要的。

三、混合债券基金投资风险分析

混合债券基金面临的风险与纯债基金完全不同，其主要来源于这样几个方面，如图 7-3 所示。

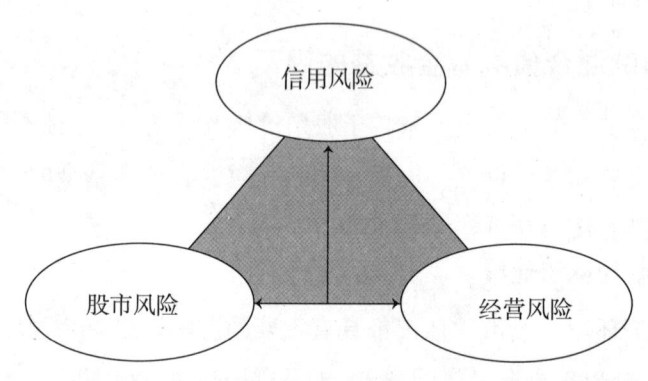

图 7-3 混合债券基金面临的三大风险

第一，股市波动风险。

混合债券基金最主要的特点是通过股票与债券的双向配置，以实现资产收益的最大化。然而，在引入股票等风险资产来增加收益的同时，风险也同时被放大了很多。当股市突然由牛市转向熊市时，不止是投资者无法及时判断并采取相应的行动，就是专业的基金经理也未必能够及时脱身，这就可能给基金造成较大的损失。

正因为如此，投资者在选择混合债券基金时，需要特别注意基金的历史收益。投资者需要选择那些在历次牛熊转换过程中表现比较优秀的基金。

第二，信用风险（即债券违约）。

由于混合债券基金大比例的资产仍是投资于债券领域，因此信用风险也是混合债券基金最主要的风险之一。正常情况下，债券基金持有的各类债券到期后，会获得约定的本金和利息，但是，个别企业因经营出现问题，债券到期后无法偿付，就会造成债券违约。若违约一段时间还好，假如企业陷入经营困境甚至破产，债券基金可能就不得不将持有的债券进行减值处理，甚至按零价值债券处理，这样就会造成债券基金的大幅亏损。

债券基金在购入债券前，肯定会预先考虑这种情况，因而混合债券基金的基金经理大多会采取这样两种应对策略：其一，分散投资，每种债券的投资规模不超过10%，甚至不超过5%。这样，当某一债券出现违约时，最大亏损幅度也不会太高。其二，选择高信用等级的债券。正是因为企业债券存在一定的信用风险，所以债券基金经理在投资债券时，大多比较倾向于选择高信用等级的债券。

第三，经营风险。

与其他基金相似，经营风险也是混合债券基金需要面临的一个主要风险。基金的运营管理必须依靠基金公司的职业经理人，若基金管理团队出现问题，比如非正常的基金经理更换、决策或运营人员操作失误等，都可能会给债券基金带来损失。正因为如此，投资者最好选择规模较大、运营较为稳定的基金公司。

四、典型的混合债券基金品种——易方达稳健收益债券基金

易方达稳健收益债券型基金成立于2005年9月19日，以通过主要投资于债券品种，追求基金资产的长期稳健增值为基本投资策略。该基金除了投资债券之外，还可以少量投资于股票、可转债等高风险产品。

1. 基金基本情况

易方达稳健收益债券型基金的基本情况，如表7-1所示。

从基金的基本情况介绍中可以看出，该基金整体规模较大。由于该基金大部分资产投资于债券领域，基金经理运作的空间相对较大。该基金经理任职时间在八年以上（这在基金领域是很少见的），其间沪深300指数的涨幅为41.59%，而本基金的涨幅为126.34%，对比沪深300指数，该基金的收

益非常不错，这也是混合债券基金灵活优势的一种体现。也就是说，从投资风险收益比考虑，该基金还是比较有优势的。

表 7-1 易方达稳健收益债券型基金基本情况表

所属基金公司	易方达基金	创立日期	2005.9.19
基金规模	124.16 亿元（2019.12.31）	基金评级	★★★
现任基金经理	胡建（2020.4.10）	任职开始时间	2012.2.29
基金经理任期回报	126.34%（2020.4.10）	任期沪深 300 涨幅	41.59%（2020.4.10）

2. 基金持仓分布

截至 2019 年 12 月 31 日，该基金持仓资产按类别划分情况如图 7-4 所示。

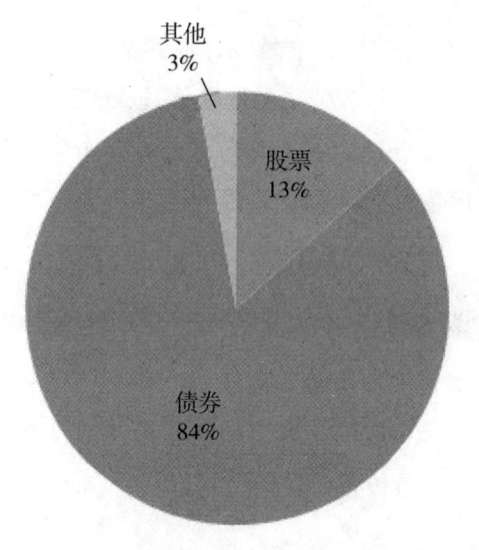

图 7-4 基金持仓分布

从图 7-4 中可以看出，易方达稳健收益债券基金近期持仓以债券为主，占到了整个基金仓位的 84%。实际上，由于债券基金的操作通常会使用杠杆投资，使得债券投资的总资金可能超过基金资产。

该基金的五大持仓股票及市值占比如表 7-2 所示。

表 7-2　易方达稳健收益债券基金的五大持仓股票

序号	股票代码	股票名称	数量（张）	公允价值（元）	占基金资产净值比例 (%)
1	000401	冀东水泥	18,867,683	320,939,287.83	2.04
2	601398	工商银行	31,758,731	186,741,338.28	1.19
3	002250	联化科技	10,268,929	175,906,753.77	1.12
4	000001	平安银行	9,459,024	155,600,944.80	0.99
5	601318	中国平安	1,343,378	114,805,083.88	0.73

（资料来源：易方达基金网站，截至 2019 年 12 月 31 日）

从表 7-2 中可以看出，易方达稳健收益债券基金近期的持仓中，股票资产所占仓位都不高，最高的冀东水泥持仓仅为 2.04%，这与整个股票占比较低有关。同时，从持仓类型中可以看出，该基金持仓的股票偏向于绩优蓝筹股，属于典型的稳健型投资策略。

下面再来看一下该基金的五大持仓债券及市值占比，如表 7-3 所示。

表 7-3　易方达稳健收益债券基金的五大持仓债券

序号	债券代码	债券名称	数量（张）	公允价值（元）	占基金资产净值比例 (%)
1	190201	19 国开 01	2,900,000	290,087,000.00	1.84
2	101901704	19 京能源	2,300,000	230,322,000.00	1.46
3	101901376	19 华能水电	2,200,000	221,166,000.00	1.41
4	101901238	19 大唐集	2,000,000	202,340,000.00	1.29
5	101901661	19 陕延油	2,000,000	201,260,000.00	1.28

（资料来源：易方达基金网站，截至 2019 年 12 月 31 日）

从表 7-3 中可以看出，易方达稳健收益债券基金近期的持仓中，持仓占比最高的 19 国开 01 的仓位仅占 1.84%。同时，前五大重仓债券的占比都比较低。该持仓占比说明了两点：其一，该基金规模过大，单一债券持仓规模需要控制；其二，该基金的持仓债券非常分散，这也与该基金本身的规模较大有关。其实，这也是很多规模过大的基金可能遇到的困扰，由于市场上优质债券数量较少，基金经理不得不分散投资，寻找更多的债券，也就增加了基金的投资风险。

3. 基金收益情况

平衡是混合债券基金最典型的特征。如果用几年时间来观察混合债券基金的净收益走势就会发现，这些混合债券基金的收益曲线尽管会随着股市出现一定幅度的波动，但整体上仍会呈现出典型的向右上方倾斜的态势。

下面看一下易方达稳健收益债券基金的走势情况，如图7-5所示。

图7-5　易方达稳健收益债券基金与沪深300指数走势对比图

如图7-5所示，易方达稳健收益债券基金的走势一直呈向右上方倾斜的态势。不过，在基金运行过程中，随着沪深300指数的上扬，基金收益也会随之走高。当沪深300指数下跌时，该基金的收益曲线下滑幅度要小很多，这也正是混合债券基金的优势所在。

特别是从长期来看，沪深300指数的波动幅度非常大，而混合债券基金的走势则平稳得多。也就是说，对于偏激进的保守型投资者而言，混合债券基金确实是一个不错的选择。

第二节　二级债券基金基本投资策略

二级债券基金是相对一级债券基金而言的一个概念，通常是指具有在二级市场交易股票权限的债券型基金。这类基金中股票资产所占仓位十分有限，一般不超过20%或10%。关于各类资产在总资产中的占比，基金发售合同中都有列明，投资者可在基金合同"投资策略"栏目下的"资产配置策略"中查看。

比如，诺安双利债券型基金的发售合同中就这样列明："本基金80%以上的基金资产投资于债券等固定收益类金融工具，本基金股票投资比例上限不超过20%，以便控制市场波动风险。"

一、二级债券基金的特点

相比于其他混合型债券基金，二级债券基金在投资范围方面并无不同，都包括债券、股票、权证以及其他金融资产。

二级债券基金还具有如下几个显著的特点，如图7-6所示。

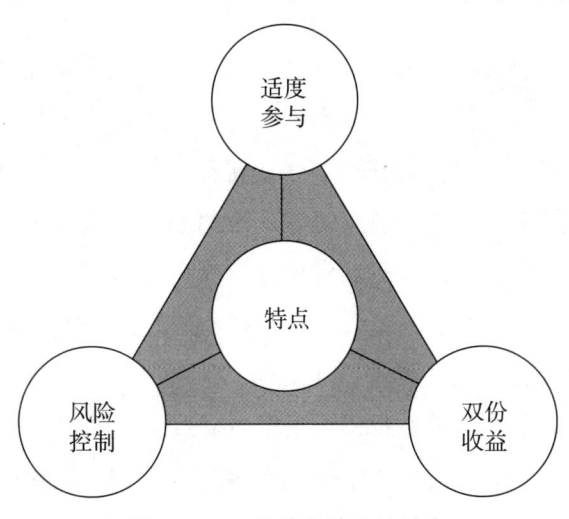

图7-6　二级债券基金的特点

第一，适度参与股票交易，但严控仓位比例。对于投资者而言，这是一个非常有利的条款，由于对股票投资额度有明确限制，可以将基金的损失控制在一定幅度之内。

第二，风险防控方面。股票持仓的最低幅度是 0，这与很多股票型基金、混合型基金明显不同。股票型基金的股票持仓最低也要在 80% 以上，混合型基金的股票持仓也要达到 60% 以上。当股市进入下行通道时，这些二级债券基金可通过清仓股票来回避损失。

第三，双份收益。由于 80% 以上的资产投资于债券等固定收益产品，而且这些基金在运作过程中通常还会借助杠杆等工具放大债券投资规模，这就在一定程度上抵消了股票资产下跌时给基金带来的损失；反之，当股市上行时，这类基金可获得两份收益。

二、二级债券基金与其他债券基金的区别

与其他债券基金相比，二级债券基金具有以下几个不同点。

第一，因投资方向不同，投资更具攻击性。相比于普通债券基金，二级债券基金引入了股票、权证、可转债等资产，因而其攻击性更强，也就意味着其风险与收益同步放大了数倍。普通债券基金则无法投资股票等高风险资产。

第二，操作手法不同。因引入了股票等高风险投资产品，基金的运作手法势必与普通债券基金有区别。也就是说，相比于普通的债券基金，这类基金的运作更为复杂，对基金经理的要求也更高。投资者在选择二级债券基金时，需要特别关注基金经理以往的业绩。尽管过去不代表未来，但很少有新手基金经理能够非常熟练地驾驭两种风险等级完全不同的资产。

第三，费用不同。由于二级债券基金的运作比普通的债券基金更为复杂，因而其各项费用相比普通债券基金也更高。比如，很多债券基金都是免申购费的，而二级债券基金大多数都需要投资者支付一定的申购费用。

第四，由于二级债券基金的投资范围涵盖了股票等高风险资产，这就使得这类基金净值的波动幅度远远大于其他债券基金。相反，普通的债券基金，

由于其投资方向都属于固定收益类产品，因而基金净值的波动整体并不大。

三、典型的二级债券基金——诺安双利债券基金

诺安双利债券型发起式基金成立于2012年10月22日，该基金力图在获得稳定收益的同时增加长期资本增值的能力，使基金资产在风险可控的基础上得到最大化增值。

从基金的名称上看，该基金的名称比其他基金多了"发起式"三个字，这是一种相对比较特殊的基金。发起式基金是指由基金管理人或高管人员作为基金发起人并认购一定数额基金的方式发起成立的基金。这类基金在申请审批时，可以通过简化审批程序优先予以审核。目前，成立发起式基金需要基金管理人或高管人员至少认购1000万元的份额，持有期限不少于3年。

1. 基金基本情况

诺安双利债券型基金的基本情况如表7-4所示。

表7-4　诺安双利债券型基金基本情况表

所属基金公司	诺安基金	创立日期	2012.10.22
基金规模	7.09亿元（2019.12.31）	基金评级	★★★★
现任基金经理	裴禹翔等（2020.4.13）	任职开始时间	2017.8.30
基金经理任期回报	49.11%（2020.4.10）	任期沪深300涨幅	-1.7%（2020.4.10）

从基金的基本情况介绍中可以看出，该基金整体规模适中，比较适合基金经理的操作。该基金经理任职时间在两年以上，其间沪深300指数的涨幅为-1.7%，而本基金的涨幅为49.11%。对比沪深300指数，该基金的收益非常不错，这也是二级债券基金灵活优势的一种体现。也就是说，从投资风险收益比考虑，该基金还是比较有优势的。

2. 基金持仓分布

截至2019年12月31日，该基金持仓资产按类别划分情况如图7-7所示。

从图7-7中可以看出，诺安双利债券基金近期持仓以债券为主，占到了

整个基金仓位的81%。实际上，由于债券操作通常会使用杠杆投资，使得债券投资的总资金可能会超过基金资产。同时，该基金的股票资产也占到了总资产的12%。

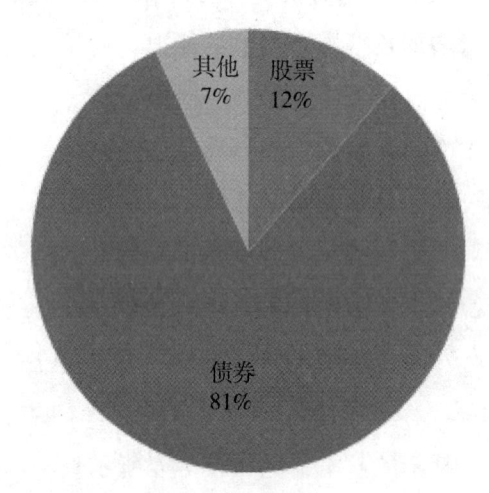

图7-7 基金持仓分布

该基金的五大持仓股票及市值占比如表7-5所示。

表7-5 诺安双利债券基金的五大持仓股票

序号	股票代码	股票名称	数量（张）	公允价值（元）	占基金资产净值比例(%)
1	601318	中国平安	73,900	6,315,494.00	0.89
2	002179	中航光电	157,700	6,159,762.00	0.87
3	600519	贵州茅台	3,500	4,140,500.00	0.58
4	000651	格力电器	30,816	2,020,913.28	0.29
5	000858	五粮液	13,500	1,795,635.00	0.25

（资料来源：诺安基金网站，截至2019年12月31日）

从表7-5中可以看出，诺安双利债券基金近期的持仓中，股票资产所占仓位都不高，最高的中国平安持仓仅为0.89%，这与整个股票占比较低有关。同时，从持仓类型中可以看出，该基金持仓的股票偏向于绩优蓝筹股和消费股，属于典型的稳健型投资策略。

下面再来看一下该基金的五大持仓债券及市值占比，如表 7-6 所示。

表 7-6　诺安双利债券基金的五大持仓债券

序号	债券代码	债券名称	数量（张）	公允价值（元）	占基金资产净值比例（%）
1	180210	18 国开 10	800,000	82,056,000.00	11.58
2	019611	19 国债 01	350,000	35,021,000.00	4.94
3	041900078	19 福建漳州	300,000	30,186,000.00	4.26
4	041900069	19 皖出版	300,000	30,183,000.00	4.26
5	041900068	19 南京高科	300,000	30,180,000.00	4.26

（资料来源：诺安基金网站，截至 2019 年 12 月 31 日）

从表 7-6 中可以看出，诺安双利债券基金近期的持仓中，持仓占比最高的 18 国开 10 的仓位占比达到了 11.58%，同时，前五大重仓债券的占比都比较高。该持仓占比说明了两点：其一，该基金规模相对较小，无须过分分散投资；其二，该基金的持仓债券较为集中，这也与该基金本身的规模不大有关。不过，投资过于集中，也可能给基金带来投资风险。

3. 基金收益情况

平衡是二级债券基金最典型的特征。如果用几年时间来观察二级债券基金的净收益走势就会发现，这些二级债券基金的收益曲线尽管会随着股市出现一定幅度的波动，但整体上仍呈现出典型的向右上方倾斜的态势。下面来看一下诺安双利债券基金的走势情况，如图 7-8 所示。

图 7-8　诺安双利债券基金与沪深 300 指数走势对比图

如图 7-8 所示，诺安双利债券基金的走势一直呈向右上方倾斜态势。而且，该基金运行过程中有这样一个特点：股市短线下跌时，基金收益也会随之下跌，但股市长期下跌时，基金收益并不会随之下跌，而是反向上升；同时，当股市进入上升趋势时，基金净值还会随之上升。当然，相对于沪深300指数，该基金净值的波动幅度相对较小，但保持了长期的稳健上升。其实，这也是二级债基的一个显著特征，与二级债基可以自由调整股票持仓额度有直接的关系。

第三节　偏债类混合基金基本投资策略

从严格意义上来说，偏债类混合基金并不属于债券基金，它只是混合型基金的一个重要分类。不过，由于其具有较强的债券基金属性，因而在这里还是将其列入了债券基金范畴予以介绍。

一、偏债类混合基金的特点

从名称中可以对偏债类混合型基金进行如下解读：其一，该基金本质上属于混合型基金，即该基金的投资范围既包括股票、权证等高风险资产，又包括债券等固定收益产品；其二，该基金属于偏债类基金，也就是说，在基金的投资构成中，固定收益产品的投资比重要大于股票等高风险产品。

关于偏债类混合基金的具体标准，目前还并未统一，这里只是将债券投资占比超过55%（或60%）以上的混合型基金称之为偏债型混合基金。其实，每只基金在发行时，都会在募集公告中列明该类基金中各大类资产的投资占比，投资者需要关注以下几项数据。

第一，股票投资占比。偏债类混合基金的股票投资占比一般在45%以下，也就是说，45%是最高限额，有的基金可能会列明股票投资占比为"0%～40%"或"0%～30%"等，这都属于典型的偏债型混合基金。也就是说，这些基金投资股票的最高限制标准为40%或30%。当然，行情不好时，股票资产也可以是0。其实，这也是偏债型混合基金在股市处于下行趋势中表现优异的原因，因为这些基金可以将股票持仓降至0。

例如，嘉合磐石混合型基金在招募说明书的"基金投资"中列明："本基金为混合型基金，基金的投资组合比例为：股票资产占基金资产的比例为0%~40%；基金持有全部权证的市值不得超过基金资产净值的3%。"

也就是说，嘉合磐石混合型基金投资股票等高风险资产的最高限额为43%，即该基金属于典型的偏债型混合基金。该基金在2018年的熊市中收益表现非常不错。

第二，股票资产可以降低至0仓位，这是偏债型基金比较重要的属性。该属性决定了在股市进入熊市后，偏债型混合基金可以依靠债券投资取得不错的收益，并在牛市到来时"满血"入场。

第三，债券资产的最低仓位有明确限制。债券等固定收益产品占基金仓位的比重不低于55%，这也是偏债型混合基金的重要特征。也就是说，无论股市多么火爆，这类基金也不能将债券等固定收益产品的比重降至55%以下。

二、偏债型混合基金与其他债券基金的异同

偏债型混合基金在本书被列入了债券基金的大类中，其肯定与债券基金有一些相同的特征，具体来说包括以下几个方面。

第一，债券资产占比较大。偏债型混合基金的债券等固定收益资产占比在一半以上，这与其他债券基金非常相似，也使得偏债类混合基金的走势会相对稳健一些。

第二，在债券的投资与运营方面，这些混合基金会最大程度地发挥杠杆的作用，利用质押式回购等方法，将债券资产的价值最大化。

第三，基金收益波动相对比较平缓。当然，这种平缓主要是相对于股票型基金或偏股型基金来说的。相比普通的债券基金，该基金的净值波动还是比较剧烈的。由于偏债型混合基金在熊市会重仓债券，这时该基金的收益走势就与普通的债券基金相差不大了。

上面介绍的是偏债型混合基金与债券基金的相同之处，二者之间的不同之处包括以下几点。

第一，风险不同。由于偏债型混合基金持有较多的股票、权证等高风险资产，使得该类基金与普通债券基金的风险等级完全不同。通常情况下，这类偏债型混合基金都属于中高风险等级，而纯债基金则属于低风险等级，即使是二级债基，也仅为中风险或中低风险等级。对于风险承受能力不同的投资者而言，二者之间的差距巨大。

第二，投资与运作方式不同。由于偏债型混合基金引入了股票等高风险资产，这就使得这些基金在运作过程中，往往要比普通的债券基金更为积极，且需密切跟踪股市走势，这一点与债券基金也完全不同。投资债券基金则不需要考虑股市的问题，只需要了解整个市场的经济环境、利率与国债收益走势即可。

第三，费用不同。由于偏债型混合基金的运作兼具股票型基金和债券型基金的双重特征，因而对基金经理的要求更高，这也使得这类基金的申购与管理费用通常要高于普通的债券型基金。

三、典型的偏债型混合基金——长安鑫益增强混合型基金

长安鑫益增强混合型基金成立于 2016 年 2 月 22 日，该基金在严格控制风险和保持流动性的前提下，通过动态配置固定收益类和权益类资产，追求超越业绩比较基准的投资回报和长期稳健增值。

从基金名称上看，该基金的名称中含有"混合"二字，而没有"债券"，这说明该基金属于典型的混合型基金。不过，从其对投资策略的描述中可以看出，该基金是倾向于"固定收益类"产品的。

1. 基金基本情况

长安鑫益增强混合型基金的基本情况，如表 7-7 所示。

从基金的基本情况介绍中可以看出，该基金的整体规模较大，基金经理操作空间较大。该基金经理任职时间在两年以上，其间沪深 300 指数的涨幅

为 -2.6%，而该基金的涨幅为 27.37%。对比沪深 300 指数，该基金的收益非常不错，这也是偏债型混合基金灵活优势的一种体现。也就是说，从投资风险收益比考虑，该基金还是比较有优势的。

表 7-7 长安鑫益增强混合型基金基本情况表

所属基金公司	长安基金	创立日期	2016.2.22
基金规模	77.13 亿元（2019.12.31）	基金评级	★★★★★
现任基金经理	杜振业等（2020.4.13）	任职开始时间	2018.4.4
基金经理任期回报	27.37%（2020.4.13）	任期沪深 300 涨幅	-2.6%（2020.4.13）

2. 基金持仓分布

在长安鑫益增强混合型基金的招募说明书中，列明了该基金股票资产占基金总资产的比重不超过 30%，权证资产不超过基金资产的 3%。截至 2019 年 12 月 31 日，该基金持仓资产按类别划分情况如图 7-9 所示。

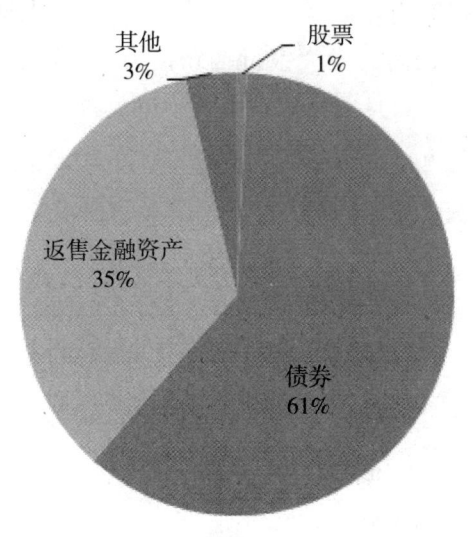

图 7-9 基金持仓分布

从图 7-9 中可以看出，长安鑫益增强混合型基金近期持仓以债券等固定收益类资产为主，占到了整个基金仓位的 99%。也就是说，该基金的股票仓位远低于控制仓位。该基金股票仓位占比极低，与基金经理对当前的市场行情判断有关，即当基金经理不看好当前的市场行情时，就会降低股票的持仓仓位。

该基金的五大持仓股票及市值占比如表 7-8 所示。

表 7-8　长安鑫益增强混合型基金的五大持仓股票

序号	股票代码	股票名称	数量（张）	公允价值（元）	占基金资产净值比例（%）
1	601818	光大银行	1,999,918	8,819,638.38	0.10
2	601318	中国平安	100,000	8,546,000.00	0.09
3	000001	平安银行	500,000	8,225,000.00	0.09
4	000402	金融街	900,000	7,308,000.00	0.08
5	601336	新华保险	100,000	4,915,000.00	0.05

（资料来源：长安基金网站，截至 2019 年 12 月 31 日）

从表 7-8 中可以看出，长安鑫益增强混合型基金近期的持仓中，股票资产所占仓位都不高，最高的光大银行持仓仅为 0.1%，这与基金经理对整个股市行情不看好有关。同时，从持仓类型中可以看出，该基金持仓的股票偏向于绩优蓝筹股和金融股，属于典型的稳健型投资策略。

下面再来看一下该基金的五大持仓债券及市值占比，如表 7-9 所示。

表 7-9　长安鑫益增强混合型基金的五大持仓债券

序号	债券代码	债券名称	数量（张）	公允价值（元）	占基金资产净值比例（%）
1	111915355	19 民生银行	3,000,000	291,210,000.00	3.16
2	190205	19 国开 05	2,800,000	275,856,000.00	2.99
3	150420	15 农发 20	2,400,000	241,680,000.00	2.62
4	111915343	19 民生银行	2,000,000	197,300,000.00	2.14
5	111905165	19 建设银行	2,000,000	194,200,000.00	2.11

（资料来源：长安基金网站，截至 2019 年 12 月 31 日）

从表 7-9 中可以看出，长安鑫益增强混合型基金近期的持仓中，持仓占比最高的 19 民生银行的仓位占到了 3.16%。同时，前五大重仓债券中金融债的占比比较高（全部为金融债）。该持仓占比说明两点：其一，该基金规模较大，需要较为分散的投资，所以单只债券持仓占比不高（单只债券持仓过高，容易降低债券的流动性）；其二，该基金的持仓债券中，以金融债和政策性金融债为主，说明该基金比较注重防范信用风险。

3. 基金收益情况

动态调整是混合型债券基金的一个典型特征。如果用几年时间来观察混合型债券基金的净收益走势就会发现，这些混合型债券基金的收益曲线尽管会随着股市出现一定幅度的波动，但整体上仍呈现出典型的向右上方倾斜的态势。

下面看一下长安鑫益增强混合型基金的走势情况，如图 7-10 所示。

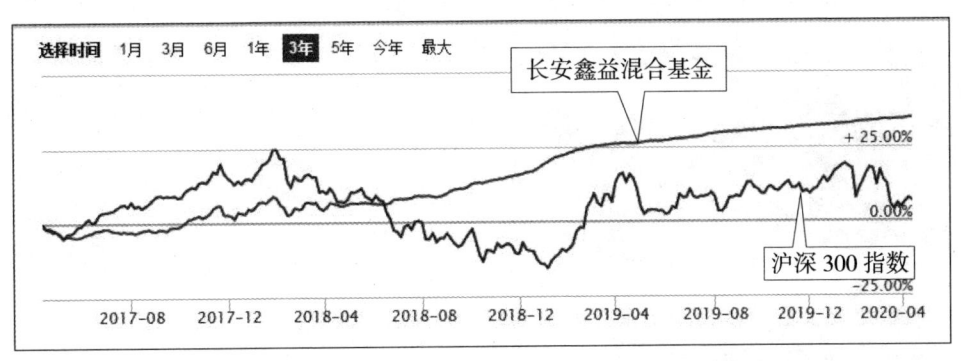

图 7-10 长安鑫益增强混合基金与沪深 300 指数走势对比图

如图 7-10 所示，长安鑫益增强混合型基金的净值走势一直呈向右上方倾斜态势。该基金运行过程中有这样一个特点：股市短线下跌时，基金收益也会随之下跌，但股市长期下跌时，基金收益并不会随之下跌，而是反向上升。同时，当股市进入上升趋势时，基金净值也会随之上升。当然，相对于沪深 300 指数，该基金净值的波动幅度相对较小，但却保持了长期的稳健上升。其实，这也是偏债型混合基金一个显著的特征，这与偏债型混合基金可以自由调整股票持仓比例有直接的关系。

第八章

可转债基金投资策略

　　相对于其他债券，可转债属于非常特殊的一种债券类型。最近两年，随着可转债交易的品种逐渐增多，很多基金公司成立了专门的可转债基金，以便投资者进行可转债方面的投资。事实上，很多债券基金都有涉足可转债。

第一节 可转债的核心要素

可转债全称为可转换债券,也就是说,这是一种可以在规定时间内转换成正股(即可转债所依附的股票)的债券。比如,龙净转债就是一种由龙净环保发行的可转换债券,持有该债券的投资者可在转股期内(可转债发行上市六个月后即开始转股)完成转股操作。

正因为如此,可转债具有普通债券所具有的一些要素,同时也具有一些特殊的要素。

一、可转债的债券要素

与其他债券相同,可转债也包括了债券所具有的几个基本要素,如债券面值、债券期限、票面利率、信用评级以及市场价格等。具体来说,主要包括以下几种要素,如图8-1所示。

1. 债券面值

目前,市场上流通的可转债债券的票面金额通常为100元。投资者交易时,以手为单位(与股票相同),每手10张债券。一般每次需要1000多元左右的资金,就可以完成1手可转债的交易。

目前,100元面值已经成为可转债发行的通行标准。同时,100元的价格也是可转债的发行价格,即上市首日的初始价格也为100元。也就是说,可转债上市首日的涨跌幅度都是以100元为基础计算得出的。这一点与股票不同,股票的每股面值仅为1元,而发行价格可能会高于面值数倍。

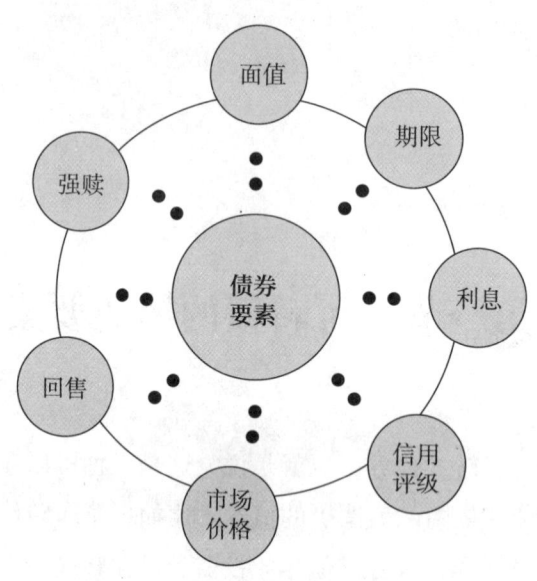

图 8-1　可转债所具有的债券要素

2. 债券期限

按照相关规定，可转债的存续时间应该不超过六年。目前，大多数企业发行的可转债的年限为六年（也有一些企业的可转债年限为五年）。比如，龙净转债的发行日期为 2020 年 3 月 24 日，摘牌日期为 2026 年 3 月 23 日。也就是说，债券存续期限的计算是从债券发行日（可转债申购日）开始算起，到债券摘牌日结束。

投资者若在六年内没有完成转股或卖出操作，则可以到期获得本息收入。当然，几乎没有多少投资者是为了获得可转债的利息才买入可转债的。

也有一些企业发行的可转债的年限仅为五年，如乐普转债的存续期限为 2020 年 1 月 3 日起息，至 2025 年 1 月 2 日终止。投资者在购买可转债前，需要对可转债的相关信息有所了解，不能贸然买入。

3. 票面利息

由于可转债的存续期限一般为六年，因而时间每增加一年，可转债的利息也会提升一点。也就是说，可转债的票面利息并不是固定不变的，而是会随着年限的增加而增加。比如，龙净转债的票面利息如下：

"第一年 0.2%，第二年 0.5%，第三年 1%，第四年 1.5%，第五年 1.8%，第六年 2%"。

同时，企业信用等级不同，发债时的市场环境不同，可转债的票面利率也会有所不同。比如，2020 年 4 月 23 日开始申购的龙蟠转债的票面利率如下：

"第一年 0.5%，第二年 0.8%，第三年 1.8%，第四年 3%，第五年 3.5%，第六年 4%"。

单从票面利率来看，龙蟠转债的利率要高于龙净转债不少。当然，这一方面可能与龙净转债的信用评级高于龙蟠转债有关（龙净转债的信用评级为 AA+，龙蟠转债的信用评级为 A+）；另一方面是由于龙蟠转债发行时，市场环境要差一些。

相对于其他企业债而言，可转债的利率属于非常低的水平。比如，中信证券在 2019 年 9 月 10 日发行的五年期企业债券的票面利率为 3.78%。其实，可转债利率较低，这相当于投资者为了获得转股的权利，不得不放弃一定的利息收入（事实上，几乎所有投资可转债的投资者都是奔着转股去的）。

4. 信用评级

与普通的企业债相同，可转债也有相关的评级机构为可转换债券评级，具体评级规则与其他债券相似。通常情况下，可转债的评级越高，未来可转债的价格相对正股的溢价也会越高；反之，一些评级较低的可转债，获得的溢价相对较少。

5. 市场价格

与其他上市交易的债券一样，可转债上市交易后，也会产生一个市场交易价格。该价格因交易双方的博弈因素、市场环境、转股价值变动、正股价格变动等而产生波动。

6. 回售

与其他债券相似，在一定条件下，投资者可以将手中的可转债债券回售给发行方，即债券发行企业。可转债回售主要包括两种情形：其一为有条件回售；其二为附加回售。

（1）有条件回售。

有条件回售是指可转债的价格触发一定的条款后，投资者可将手中的可转债回售给发行可转债的上市公司。

通常情况下，当上市公司的正股价格持续走低，且在特定时间内（通常为最后两个计息年度）任意连续30个交易日的收盘价格低于转股价格的70%时，即触发有条件回售条款，投资者可将手中的可转债按照票面价格加上票面利息回售给上市公司。

这里有几个关键点需要注意。

第一，通常情况下，可转债发行上市之前就已经确定了转股价和回售价格（低于转股价70%），比如，2020年3月19日开始申购的海大转债，在上市时约定其转股价为35.09元，回售价为24.56元（35.09元×70%=24.56元）。若该公司的股票在最后两个计息年度内（2024年3月19日至2026年3月18日）任意连续30个交易日股价低于24.56元，则可转债持有人可将手中的可转债回售给上市公司。

第二，通常情况下，很少有上市公司会等着让投资者将手中的可转债回售给公司，毕竟公司发行可转债就是为了获得"不需要偿还的资金"，公司在发行可转债时所想的就是让投资者将债券转换为公司股票，因而，当公司股票价格过低时，有些公司会向下修正转股价格，以提升可转债的价值。当然，作为可转债投资者，肯定也不想动用回售条款将可转债卖给上市公司，毕竟那样会让自己损失很多钱。

（2）附加回售条款。

通常情况下，上市公司发行可转债时，都会列明资金用途。当上市公司改变资金用途时，就会触发附加回售条款，此时，投资者可将手中的可转债回售给上市公司。当然，现实情况中，更多的投资者即使是在二级市场卖出手中的可转债，也不会选择回售给上市公司。

7. 强赎

回售条款是一种投资者占据主导地位的条款，即可转债投资者在条件成熟时，可选择将手中的可转债回售给上市公司，也可以选择不回售给上市公司。与之相反，强赎则是上市公司占据主导地位的赎回债券的一种方式。通常情况下，随着上市公司股价的持续上扬，当超过转股价格一定比例时（即正股价格高于转股价格的一定比例，如 20% 或 30% 等），上市公司就有权强制赎回市场上的可转债。

大多数公司设置的强赎条件为：转股期内，在连续 30 个交易日内的 15 个交易日的正股收盘价不低于转股价格的 130%（或 120%）。比如前面介绍的海大转债，转股价格为 35.09 元，那么该可转债的强制赎回价格为 42.11 元（35.09 元 ×120%=42.11 元）。也就是说，若该公司股票在转股期内任意连续 30 个交易日有 15 个交易日的股价高于 42.11 元，则上市公司有权强制赎回投资者手中的可转债。事实上，从股价触发强赎条款到最终赎回，还有两个月左右的时间，投资者在此期间完全可以将手中的可转债转股或卖出。

二、可转债的特有要素

可转债除了具有普通债券的一些特征外，还具有以下几个比较有特点的要素，如图 8-2 所示。

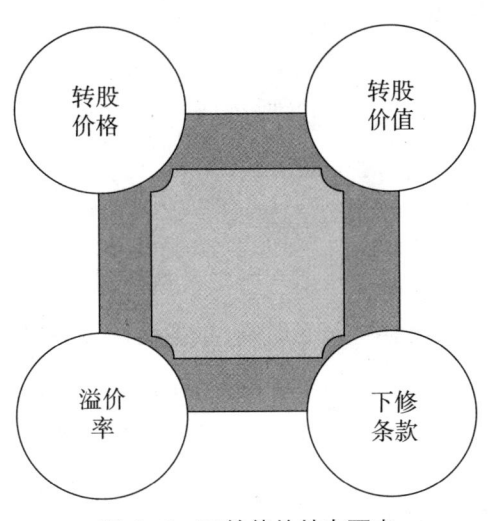

图 8-2 可转债的特有要素

1. 转股价格

可转债在发行时，会事先约定一个转股价格。通常情况下，当可转债上市交易六个月后，持有者即可择机转股。由于转股价格是事先确定的，上市交易后肯定会与正股价格有所不同（即存在一定的溢价或折价的情况）。市场上的投资者更热衷于炒作可转债，而少有投资者在此期间进行转股操作，通常都是可转债即将到期时才会进行转股操作。

2. 转股价值

转股价值是相对可转债市场价格而言的，也是形成可转债交易价格的重要参照标准。转股价值的计算方法如下：

转股价值 = 每张可转债转股数量 × 正股价格

其中，每张可转债转股数量 = 可转债面值（100元）/ 转股价格

比如，2020年4月15日上市的龙净转债的转股价格为10.93元，4月15日该可转债的正股即龙净环保的收盘价为9.04元，则：

每张可转债转股数量 = 100元 / 10.93元

＝9.15 股

转股价值 = 9.15 × 9.04 元

＝82.7 元

也就是说，每张龙净转债的转股价值为82.7元，若可转债价格超过该价格，则说明可转债存在一定的溢价。

3. 溢价率

前面介绍了可转债的转股价值与市场价格。从理论上来说，二者应该是相等的，但在实际交易过程中，基于时间、债券信用等级以及市场环境等因素，往往会使得可转债的市场价格与转股价值之间存在一定的偏离，且大部分时间都是市场价格高于转股价值，这就产生了一定的溢价，溢价的幅度就是可转债的溢价率。溢价率的计算方法如下：

溢价率 = （可转债市场价格 − 转股价值）/ 转股价值 × 100%

以前面介绍的龙净转债为例，来看看该可转债的溢价率情况。龙净转债

2020年4月15日收盘于107.32元，其转股价值为82.7元，则溢价率的计算方法如下：

龙净转债溢价率＝（107.32元－82.7元）/82.7元 × 100%
　　　　　　＝29.77%

即截至2020年4月15日收盘，龙净转债的溢价率为29.77%。按照当时的市场情况，该溢价水平属于中等偏下水平。

若转股价值高于市场价格，对于投资者而言，就出现了一次无风险套利的机会，也就是说，这个时候买入可转债是可以稳稳地获得盈利的，但这种机会并不多见。此时，可转债的溢价率就是负值。通常来说，有些新的可转债上市之前，确实存在溢价率为负的情况，但该可转债上市后，这种负的溢价率就会迅速转为正值。

图8-3为截至2020年4月15日收盘时部分可转债品种的溢价情况。

债券代码	债券简称	相关	申购日期	申购代码	申购上限（万元）	正股代码	正股简称	正股价	转股价	转股价值	债现价	转股溢价率
128101	联创转债	详细 股吧	2020-03-16 周一	072036	100	002036	联创电子	0.00	18.82	75.45	0.00	47.38%
123044	红相转债	详细 股吧	2020-03-12 周四	370427	100	300427	红相股份	0.00	18.93	97.31	0.00	19.42%
123045	雷迪转债	详细 股吧	2020-03-12 周四	370652	100	300652	雷迪克	0.00	20.38	93.47	0.00	16.72%
113571	博特转债	详细 股吧	2020-03-12 周四	754916	100	603916	苏博特	0.00	19.18	120.70	0.00	5.11%
113572	三祥转债	详细 股吧	2020-03-12 周四	754663	100	603663	三祥新材	0.00	14.29	87.19	0.00	25.70%
110067	华安转债	详细 股吧	2020-03-12 周四	733909	100	600909	华安证券	0.00	8.77	85.52	0.00	34.24%
128100	搜特转债	详细 股吧	2020-03-12 周四	072503	100	002503	搜于特	0.00	5.36	75.93	0.00	37.44%
128099	永高转债	详细 股吧	2020-03-11 周三	072641	100	002641	永高股份	0.00	6.30	102.70	0.00	17.73%
113570	百达转债	详细 股吧	2020-03-11 周三	754331	100	603331	百达精工	0.00	16.39	100.61	0.00	12.37%
113569	科达转债	详细 股吧	2020-03-09 周一	754660	100	603660	苏州科达	0.00	14.88	73.39	0.00	50.03%
113568	新春转债	详细 股吧	2020-03-06 周五	754667	100	603667	五洲新春	0.00	9.08	88.77	0.00	21.64%
128098	康弘转债	详细 股吧	2020-03-05 周四	072773	100	002773	康弘药业	0.00	35		0.00	13.59%
123043	正元转债	详细 股吧	2020-03-05 周四	370645	100	300645	正元智慧	0.00	15	溢价率	0.00	26.37%
113567	君禾转债	详细 股吧	2020-03-04 周三	754617	100	603617	君禾股份	0.00	16.20	94.44	0.00	17.46%
110066	盛屯转债	详细 股吧	2020-03-02 周一	733711	100	600711	盛屯矿业	0.00	4.92	84.35	0.00	26.59%
113032	桐20转债	详细 股吧	2020-03-02 周一	783233	100	601233	桐昆股份	0.00	14.58	82.17	0.00	35.21%
113566	翔港转债	详细 股吧	2020-02-28 周五	754499	100	603499	翔港科技	0.00	15.16	101.58	0.00	14.19%
113584	天目转债	详细 股吧	2020-02-28 周五	754136	100	603136	天目湖	0.00	23.80	99.58	0.00	21.01%
113565	宏辉转债	详细 股吧	2020-02-26 周三	754336	100	603336	宏辉果蔬	0.00	14.61	115.67	0.00	13.35%
128097	奥佳转债	详细 股吧	2020-02-25 周二	072614	100	002614	奥佳华	0.00	10.89	91.83	0.00	20.75%
128095	恩捷转债	详细 股吧	2020-02-11 周二	072812	100	002812	恩捷股份	0.00	64.61	76.61	0.00	53.05%
128096	奥瑞转债	详细 股吧	2020-02-11 周二	072701	100	002701	奥瑞金	0.00	4.70	86.81	0.00	28.12%

图8-3　可转债溢价数据（部分最新发行的可转债）

（注：资料来源，天天基金网，截至2020.4.15）

4. 下修条款

下修条款是可转债特有的条款,与前面的回售条款一脉相承。

如前所述,当可转债的正股价格连续走低,并低于转股价一定比例时(大多数企业限定为70%),就会触发回售条款。不过,上市公司为了防止触发回售条款,往往会在股价出现下跌时先下修转股价,使得无法触发回售条款。

目前,大多数上市公司的可转债转股价下修条件为,股价低于转股价的一定比例(范围从75%到85%不等)。通常情况下,距离触发回售条款还有一定幅度的时候,上市公司就会向下修正转股价,使得回售条款无法被触发。

第二节 可转债交易规则

鉴于可转债的特殊性,拥有股票投资账户的投资者可以尝试自己去交易可转债。本节简单地向投资者介绍一些可转债交易的基本知识,供读者参考。可转债交易规则与股票有所不同,主要包括以下几点。

一、申购规则

目前,申购可转债采用的是信用申购法,而非普通股票申购所采用的市值申购法。也就是说,投资者申购可转债的最大数量并不以持仓市值为参照,而是每个账户都拥有相同的额度上限。

1. 额度限制

目前,沪深两市申购可转债的额度标准稍有不同。沪市申购可转债的下限为1手(即10张可转债,1000元市值),上限为1000手;深市申购可转债的下限为10张(1000元市值),上限为10000张。投资者在额度内申购的数量必须是1手(或10张)的整数倍。

从整体上来看，二者其实是相同的，即下限都是1手(10张,1000元市值)，上限都是1000手。每个账户顶格申购后，都会获得1000个配号。投资者大可不必为配号过多而烦恼，实际上，由于申购可转债的人数较多，最终能获得一个中签配号就很不错了。

2. 账户限制

针对某一可转债，每个股票账户只能申购一次，且一旦确认不可撤销。若投资者同时拥有多个股票账户，也只能有一个账户的申购为有效申购。

3. 申购时间

在申购时间方面，沪深两市稍有不同。沪市的申购时间为交易日的上午9:00-11:30，下午13:00-15:00。深市申购时间与沪市稍有不同，其申购时间为交易日的上午9:15-11:30，下午13:00-15:00。

4. 中签缴款

投资者申购成功后，需要在中签号公布的交易日在账户中留足申购资金。若不能及时缴款，则视为放弃申购。若在一年内连续三次放弃缴款，则六个月内不得参与新股、新债的申购。

二、交易规则

投资者可以像交易股票一样交易可转债，但在一些交易规则方面，可转债与股票还是有所不同的。

1. T+0 交易规则

T+0 交易规则是可转债与股票交易最大的不同点。投资者当天买入的可转债可在当天卖出，同时该笔资金可继续交易使用，这就极大地提升了资金的利用效率。当然，卖出可转债的资金当天是无法提现的，提现需要在 T+1 交易日实现。

2. 无涨跌停限制

没有涨停板与跌停板，也是可转债与股票交易非常明显的一个区别。不过，沪深两市在可转债价格出现大幅波动时，还是会有一些限制性措施。比如，上海证券交易所规定，当日债券价格较前一交易日上涨或下跌幅度达到20%（含），或单次上涨、下跌超过30%（含），则需进行临时停牌。其中，第一次临时停牌时间为30分钟，第二次临时停牌持续至尾盘收盘前5分钟（即14:55）。深圳市场则没有上述规定。

三、交易费用

相比股票交易，可转债的交易费用是非常低的。目前，可转债交易与普通债券交易相同，不收取印花税。对于经常交易股票的投资者来说，印花税也是一笔不小的费用，交易可转债则没有这一费用。

可转债的交易佣金也低于股票交易，不过，券商不同，佣金标准也不尽相同。一般为万分之二左右，最低为1元。

四、交易可转债的要点

可转债作为一种相对特殊的债券，投资者在交易过程中需要注意这样几点。

第一，可转债属于"进可攻，退可守"的债券。在最差的行情中，即使投资者无法通过转股获利，还可以将可转债回售给发行企业，这就为投资者提供了一种保底收入。同时，若可转债的正股价格上升，投资者还可以通过卖出可转债或转股获利，这种收益往往要高于债券的利息收入。

第二，尽管可转债属于一种有托底的债券，但并不是只赚不赔的债券。由于可转债在交易过程中会产生若干的高点与低点，若投资者在高点介入可转债，无疑会出现亏损。因此，保守型投资者在交易可转债之前，需要对可转债的转股价值、溢价情况，以及正股价格走势进行相应的分析，进而确定自己的大致交易区间，不能盲目入场。

第三，注意风险防控。由于可转债交易规则与股票、债券完全不同，特别是T+0交易规则和没有涨跌停板限制，给投资者带来了极大的风险。因此，在交易过程中，投资者必须合理控制仓位，注意风险防控。

第三节　可转债基金是更好的选择

对于普通投资者来说，投资可转债的风险相对较大，因而，借助可转债基金来曲线投资可转债，也是一个不错的选择。

一、可转债基金的投资范围

从基金名称中可以看出，可转债基金的主要投资对象为可转债，也包括其他债券、股票和权证等高风险资产，如图8-4所示。

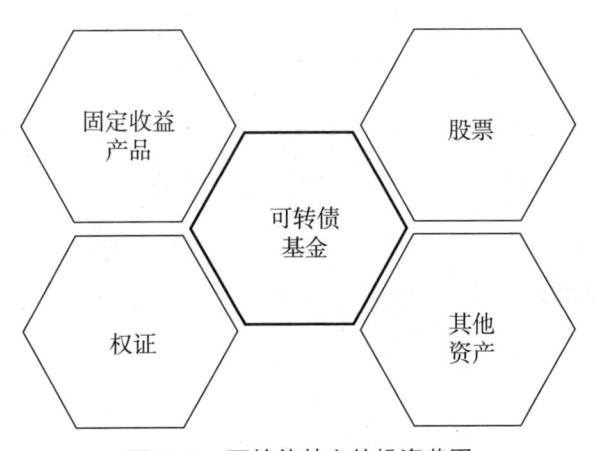

图8-4　可转债基金的投资范围

1. 固定收益产品

可转债产品是包含在固定收益产品之内的。大多数可转债基金中，固定收益产品所占的比重一般都不会低于80%，且在固定收益产品中，可转债产品又不低于80%。当然，可转债基金性质不同，具体的持仓比例也会有所不同，投资者在申购可转债基金前，需要了解一下这些基金的投资方向。

2. 股票等高风险产品

股票等高风险资产在可转债基金中并不占优势地位，一般占基金资产的 20% 以下。当然，一些可转债混合基金的持仓仓位会有所提高。比如兴全可转债混合基金的招募说明书中就列明：资产配置比例为可转债占比 30%～95%（其中可转债在除国债之外已投资资产中的比例不低于 50%），股票不高于 30%，现金和到期日在一年以内的政府债券不低于基金资产净值的 5%。

3. 权证资产

权证资产并不是可转债基金必不可少的部分，有些基金不会涉及，有些基金即便涉及，也只是极少的一部分。

4. 其他资产

通常情况下，各类基金都会留有一部分其他金融资产、现金资产等流动性较佳的资产，以备不时之需。不过这部分资产一般占比较少，通常不超过 5%。

根据可转债各类资产占比以及资产配置的不同，可转债基金主要包括单纯的可转债基金和可转债混合基金两类。相比较而言，可转债混合基金的股票持仓占比更高，可能会达到 30%，因而风险也更大。

二、影响可转债基金收益的因素

对可转债基金净值产生较大影响的因素，主要是可转债和股票资产净值波动，因而，对可转债收益产生影响的因素通常包括以下几点。

第一，股票市场行情。

尽管股票资产占可转债基金的总体比重较低，但可转债的市场价格同样会受到正股价格波动的影响，这些正股股价的波动，又与股票市场环境有着直接的关系。当股票市场行情走牛时，可转债基金持仓的股票和可转债资产都会相应地增值；反之，则可能会贬值。同时，由于可转债基金一般会留有 20% 左右的股票仓位，这部分股票对股票市场行情的反应会更为直接。

由于可转债基金可以像普通债券基金那样将手中的债券进行抵押融资，这就使得可转债基金获得了较高的杠杆。也正因为如此，可转债基金在股市大幅上升时，会出现比普通股票型基金更大幅度的上升。同时，由于可转债本身的净值不会低于票面金额太多（一旦低于票面金额，就会有套利资金入场，推动可转债价格走高），这就使得股市下跌时，可转债基金的跌幅相对有限，如图 8-5 所示。

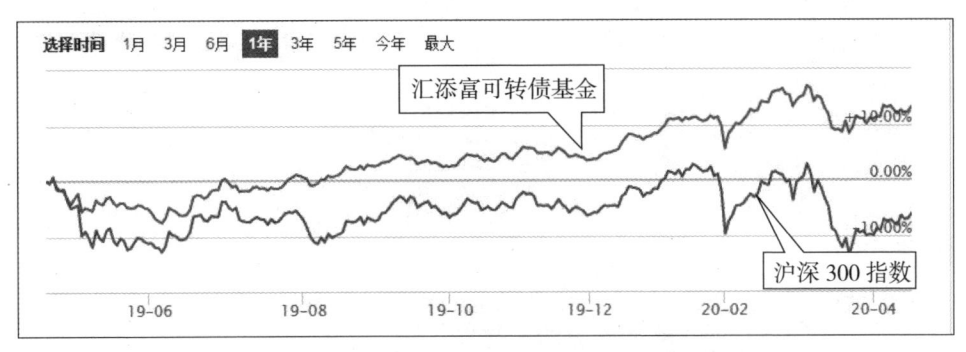

图 8-5　汇添富可转债债券基金与沪深 300 指数走势对比图

从图 8-5 中可以看出，汇添富可转债基金的净值波动与沪深 300 指数的走势基本吻合。不过，在沪深 300 指数出现大幅下跌时，汇添富可转债基金的下跌幅度相对有限，而沪深 300 指数反弹时，汇添富可转债基金的反弹幅度更大。

由此可见，对于激进型投资者而言，可转债基金确实是一个不错的投资标的。

第二，可转债的市场环境。

可转债的发行价格与市场价格走势直接受可转债市场环境的影响。当整个可转债市场向好时，可转债的市场价格就会出现较大幅度的溢价，可转债基金的收益就会走高；反之，当可转债溢价走低时，可转债基金的收益也会随之走低。

第三，基金经理的操作水平。

从理论上来说，可转债基金的总体收益受基金经理操作水平的影响要远远大于其他债券基金。除了具体的选股操作、可转债运作之外，对股市运行趋势的判断，更是考验基金经理的一个重要指标。同时，由于可转债交易规则与普通的股票不尽相同，这都对可转债基金经理的操作提出了更高的要求。

三、可转债基金风险分析

可转债基金面临的风险与纯债基金完全不同，与混合债券基金倒有几分相似，主要源于这样几个方面，如图8-6所示。

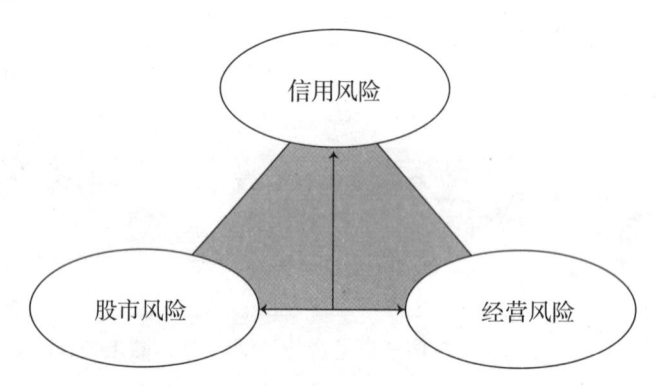

图8-6 可转债基金面临的三大风险

第一，股市波动风险。

可转债基金配置的资产中，股票以及与股票相关的可转债资产占据了很大的比重，因而，股市波动风险成为可转债基金面临的最大风险。比如，当正股股价下跌时，可转债的转股价值就会随之走低，可转债基金的净值也会随之走低。当然，这里还有基金经理操作的问题。若基金经理操作得当，也是可以从股市波动中获得更为丰厚的回报的。

正因为如此，投资者在选择可转债基金时，需要特别注意基金的历史收益，要尽量选择那些在历次牛熊转换过程中表现比较优秀的基金。

第二，信用风险（即债券违约风险）。

从本质上来说，可转债也是一种债券，因而，信用风险也是可转债基金面对的最主要的风险之一。正常情况下，可转债基金持有的各类债券到期后会获得约定的本金和利息，但是，如个别企业因经营出现问题，股价就会大幅走低，同时，企业也可能无力承担回购债券的资金，导致投资者不得不进行换股操作。

可转债基金在购入可转债前,肯定会预先考虑到这种情况,大多会采取这样两种应对策略:其一,分散投资,每种可转债的投资规模不超过10%,甚至不超过5%。这样,当某一种可转债出现违约时,最大亏损幅度也不会太高;其二,选择高信用等级的可转债。当然,可转债信用等级越高,其溢价水平就会越高,操作这类可转债还存在一定的价格下跌风险。总之,这些都是需要基金经理进行平衡和布局的。

第三,经营风险。

与其他基金相似,经营风险也是可转债基金需要面对的一项主要风险。基金的运营管理必须依靠基金公司的职业经理人,若基金管理团队出现问题,比如非正常的基金经理更换、决策或运营人员操作失误等,都可能给可转债基金的投资者带来损失。正因为如此,投资者最好选择规模较大、运营较为稳定的基金公司。特别是可转债交易实行 T+0 交易,没有涨跌停板限制,经常会出现暴涨暴跌的情形,这些都会对基金净值造成巨大的影响。

下面来看一下广电转债的日 K 线走势图,如图 8-7 所示。

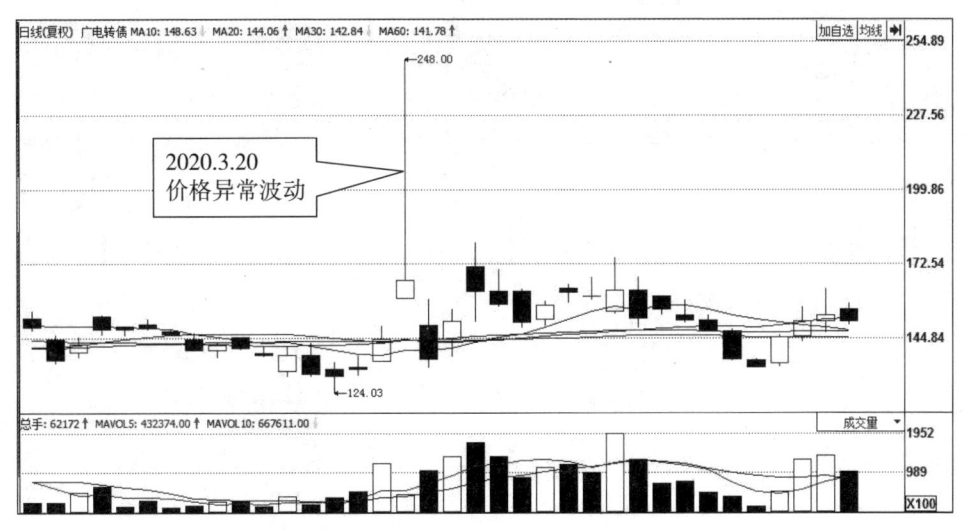

图 8-7　广电转债（110044）日 K 线走势图

如图 8-7 所示,广电转债的价格一直在 140 元以上的位置运行,这说明市场比较认可该可转债的价值。事实上,截至 2020 年 4 月 17 日收盘,该可转债的转股价值在118.84元的水平，这说明该可转债的投资价值较高。正因为如此，市场上的投资者对该可转债保持了较高的热情。

2020年3月20日，该可转债高开高走，盘中出现了巨幅振荡，当日价格振幅超过了60%，最终收盘涨幅达到15.08%，这对于一只非新债来说，是极其少见的。同时，当日追高买入该可转债的投资者，可能会面临较大幅度的亏损。若当日有可转债基金追高买入，也可能造成基金净值的巨幅亏损。

四、可转债基金的配置原则

投资者在配置可转债基金时，需要秉持这样几个原则。

第一，根据风险承受能力配置仓位。

尽管可转债基金属于债券基金，但其本质上已经具备了股票的波动特征，有时甚至比股票的风险还要大，因而，投资者需要结合自身的风险防控能力，合理配置可转债基金的仓位。风险承受能力较弱的投资者可少量配置或不配置，风险承受能力较强的投资者可以适量加大仓位。

第二，动态调整原则。

从长期来看，可转债基金的净值波动与股市波动相吻合，因而在熊市中不适宜布局可转债基金，特别是很多可转债基金还配置了20%到30%仓位的股票，这就使得可转债基金的净值波动与股市更趋一致。基于此，投资者需要根据股市运行态势，动态调整可转债基金的整体仓位。当然，长线投资可转债基金的投资者，也可以在股市低点处加仓可转债基金，并在股市高点处适当减仓，确保收益及时兑现。

第三，优质品种原则。

随着可转债市场日趋火热，可转债基金的发行数量和规模也在逐渐增加。市场上的可转债基金品种很多，但各只基金的表现却不尽相同，投资者需要对各只可转债基金的发行机构（老牌、实力强劲的基金公司）、基金经理（最好获得过"金牛奖"）以及基金评级（五星级为佳，四星和三星次之）等方面进行筛选，找出最合适投资的基金品种。

五、典型的可转债基金——汇添富可转换债券基金

汇添富可转换债券基金成立于 2011 年 6 月 17 日，该基金主要精选高质量的固定收益类产品进行组合投资，以谋取基金获得长期稳健的投资收益。该基金属于可转债基金中比较有代表性的一只。

1. 基金基本情况

汇添富可转换债券基金的基本情况如表 8-1 所示。

表 8-1　汇添富可转换债券基金基本情况表

所属基金公司	汇添富基金	创立日期	2011.6.17
基金规模	21.28 亿元（2019.12.31）	基金评级	★★★
现任基金经理	曾刚等（2020.4.17）	任职开始时间	2013.2.7
基金经理任期回报	72.8%（2020.4.17）	任期沪深 300 涨幅	39.12%（2020.4.17）

从基金的基本情况介绍中可以看出，该基金整体规模适中，比较适合基金经理的操作。该基金经理任职时间在七年以上，其间沪深 300 指数的涨幅为 39.12%，而本基金的涨幅为 72.8%。对比沪深 300 指数，该基金的收益非常不错，这一方面说明基金经理的运作富有效率，另一方面也说明可转债基金在过去几年的整体表现还是不错的。

2. 基金持仓分布

在汇添富可转换债券基金的招募说明书中已列明，该基金的股票资产占基金总资产的比重不超过 20%，固定收益产品占基金资产的比重为 80% 以上，且可转债资产占固定收益资产的比重为 80% 以上。也就是说，可转债为该基金最核心的投资标的。其实，这也是大多数可转债基金最基本的资产构成比例。

截至 2019 年 12 月 31 日，该基金持仓资产按类别划分情况如图 8-8 所示。

从图 8-8 中可以看出，汇添富可转换债券基金近期持仓以债券等固定收益资产为主，占到了整个基金仓位的 77%，其中绝大多数都是可转债。股票仓位仅占 17%。该基金股票仓位与合同约定相吻合，同时，可转债的

净值走势与股市波动具有密切的关系，因而整个基金走势受股市波动的影响较大。

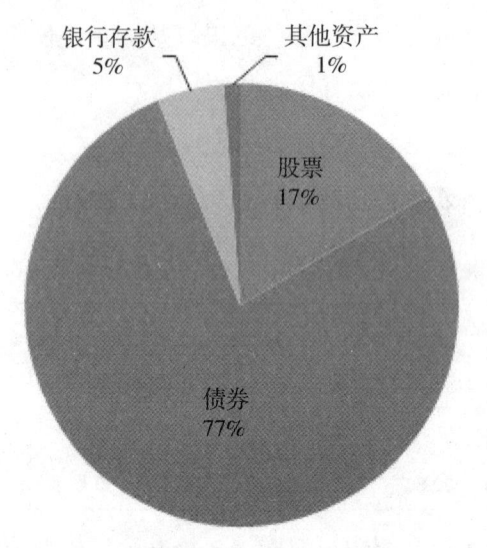

图 8-8 基金持仓分布

该基金的五大持仓股票及市值占比，如表 8-2 所示。

表 8-2 汇添富可转换债券基金的五大持仓股票

序号	股票代码	股票名称	数量（张）	公允价值（元）	占基金资产净值比例（%）
1	601318	中国平安	700,000	59,822,000.00	2.00
2	600309	万华化学	949,424	53,329,146.08	1.78
3	002311	海大集团	1,000,000	36,000,000.00	1.20
4	600519	贵州茅台	30,000	35,490,000.00	1.19
5	300144	宋城演艺	1,000,000	30,910,000.00	1.03

（资料来源：汇添富基金网站，截至 2019 年 12 月 31 日）

从表 8-2 中可以看出，汇添富可转换债券基金近期的持仓中，股票资产所占仓位都不高，最高的中国平安持仓仅为 2%，这与基金对股票持仓的控制有关。同时，从持仓类型可以看出，该基金所持有的股票偏向于绩优蓝筹股，属于典型的稳健型投资策略。

下面再来看一下该基金的五大持仓债券及市值占比，如表 8-3 所示。

表 8-3　汇添富可转换债券基金的五大持仓债券

序号	债券代码	债券名称	数量（张）	公允价值（元）	占基金资产净值比例（%）
1	113011	光大转债	2,998,070	373,739,406.20	12.48
2	132018	G 三峡 EB1	2,731,960	303,985,189.20	10.15
3	110059	浦发转债	2,178,540	237,983,709.60	7.95
4	018007	国开 1801	1,554,980	156,664,235.00	5.23
5	127006	敖东转债	981,441	108,194,055.84	3.61

（资料来源：汇添富基金网站，截至 2019 年 12 月 31 日）

从表 8-3 中可以看出，汇添富可转换债券基金近期的持仓中，前五名债券中有四个都属于可转债，只有国开 1801 属于政策性金融债（G 三峡 EB1 属于三峡集团发行的绿色可转债）。该持仓结构说明了两点：其一，该基金前五名债券持仓占比较高，通常存在一定的安全隐患，不过，持仓最高的光大转债属于银行发行的可转换债券，安全性相对较高，所以该持仓也是可以接受的；其二，该基金持仓的债券中，纯债债券占比只有 5.4%，而一只国开 1801 债券占比就达到了 5.23%，这说明该基金持有的其他非可转债债券品种极少。

3. 基金收益情况

如果用几年时间来观察可转债基金的净收益走势就会发现，这些可转债基金的收益曲线尽管会随着股市出现一定幅度的波动，但总是在股市下跌中途停止下行，并先一步启动反弹。

下面看一下汇添富可转换债券基金的净值走势，如图 8-9 所示。汇添富可转换债券基金的走势与沪深 300 指数的走势基本吻合。该基金运行过程中有这样一个特点：股市短线下跌时，基金收益也会随之下跌，但股市长期下跌时，基金收益并不会随之下跌，而是出现跌势减弱态势。同时，当股市进入上升趋势时，基金净值还会随之上升。这是由于可转债的价格下跌至转股价值附近或 100 元附近时，就会有一些套利资金入场拉升可转债的价格，从而使得可转债基金的净值不会出现大幅下跌的态势。

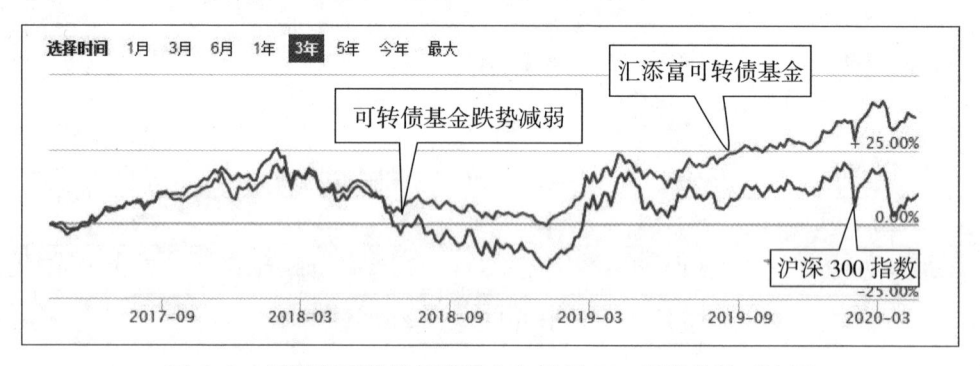

图 8-9　汇添富可转换债券基金与沪深 300 指数走势对比图

六、可转债混合基金——兴全可转债混合基金

兴全可转债混合基金成立于 2004 年 5 月 11 日，该基金利用可转债的债券特性规避系统性风险和个股风险，追求投资组合的安全和稳定收益，并利用可转债的内含股票期权，在股市上涨中进一步提高基金的收益水平。

从基金名称上看，该基金的名称中含有"混合"二字，而没有"债券"，这说明该基金属于典型的混合型基金。不过，从其对投资策略的描述中可以看出，该基金是倾向于"可转债"产品的。

1. 基金基本情况

兴全可转债混合基金的基本情况如表 8-4 所示。

表 8-4　兴全可转债混合基金基本情况表

所属基金公司	兴全基金	创立日期	2004.5.11
基金规模	50.28 亿元（2019.12.31）	基金评级	★★★
现任基金经理	虞淼（2020.4.17）	任职开始时间	2019.1.16
基金经理任期回报	22.44%（2020.4.17）	任期沪深 300 涨幅	22.72%（2020.4.17）

从基金的基本情况介绍中可以看出，该基金整体规模适中，比较适合基金经理的操作。该基金经理任职时间不足两年，其间沪深300指数的涨幅为22.72%，本基金的涨幅为22.44%。对比沪深300指数，该基金的收益略差。由于考察时间较短，且2019年股市出现了局部走牛的情况，综合来看，该基金经理的操作水平还有待于进一步观察。

2. 基金持仓分布

在兴全可转债混合基金的招募说明书中已列明，该基金的股票资产占基金总资产的比重不超过30%，可转债资产占基金总资产的比重为30%～95%。也就是说，尽管该基金名称为混合型基金，但是更侧重于可转债方向的投资。

截至2019年12月31日，该基金持仓资产按类别划分情况如图8-10所示。

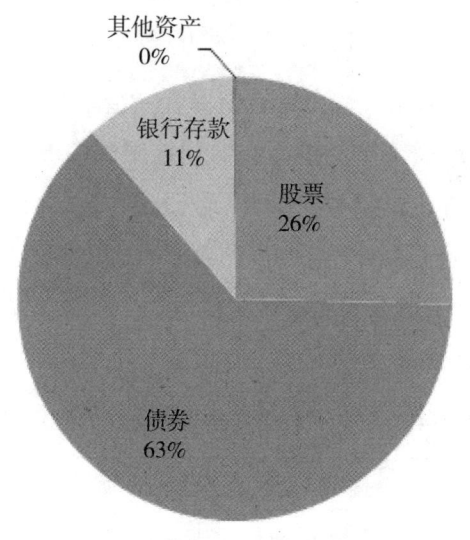

图 8-10　基金持仓分布

从图8-10中可以看出，兴全可转债混合基金近期持仓以债券等固定收益资产为主，占到了整个基金仓位的63%，股票资产占基金资产的比重也达到了26%。也就是说，该基金的股票仓位略低于控制仓位。债券所占的仓位距离控制线还有一段距离，这说明在当前的行情下，基金经理更加看好股票市场而非可转债市场。同时，银行存款占比高达11%，也是一个很高的比例，是一种资金利用效率偏低的表现，当然，这可能与基金经理对可转债市场并不看好有关。

该基金的五大持仓股票及市值占比如表8-5所示。

表8-5 兴全可转债混合基金的五大持仓股票

序号	股票代码	股票名称	数量（张）	公允价值（元）	占基金资产净值比例（%）
1	600048	保利地产	10,249,504	165,836,974.72	3.30
2	601012	隆基股份	5,176,867	128,541,607.61	2.56
3	601318	中国平安	1,402,400	119,849,104.00	2.38
4	601166	兴业银行	5,370,000	106,338,988.80	2.11
5	000651	格力电器	1,169,322	76,684,136.76	1.53

（资料来源：兴全基金网站，截至2019年12月31日）

从表8-5中可以看出，兴全可转债混合基金近期的持仓中，股票资产所占仓位几乎达到了最高限度。最高的保利地产的持仓达到3.3%，同时，其他几只股票的持仓占比也较为均衡，五只股票的总仓位达到了11.88%，较高的股票持仓仓位与基金经理对股市的判断有关。同时，从持仓类型中可以看出，该基金所持有的股票偏向于绩优蓝筹股，属于典型的稳健型投资策略。

下面再来看一下该基金的五大持仓债券及市值占比，如表8-6所示。

表8-6 兴全可转债混合基金的五大持仓债券

序号	债券代码	债券名称	数量（张）	公允价值（元）	占基金资产净值比例（%）
1	128080	顺丰转债	2,620,189	312,274,125.02	6.21
2	110053	苏银转债	1,499,900	176,073,261.00	3.50
3	110051	中天转债	1,179,520	131,198,009.60	2.61
4	110059	浦发转债	1,137,120	124,218,988.80	2.47
5	113026	核能转债	857,530	92,767,595.40	1.84

（资料来源：兴全基金网站，截至2019年12月31日）

从表 8-6 中可以看出，兴全可转债混合基金近期的持仓中，持仓占比最高的顺丰转债的仓位占到了 6.21%。同时，前五大重仓债券中可转债的占比比较高（全部为可转债）。该持仓结构说明两点：其一，该基金持仓债券相对比较集中，面临的风险较大，基金需要确保这些债券的信用安全；其二，从该基金的持仓债券占比中可以发现，没有一只金融债或国债进入前五，说明该基金的操作手法比较激进。

3. 基金收益情况

在债券基金中，可转债混合基金属于其中的高风险品种。如果用几年时间来观察可转债混合基金的净收益走势就会发现，这些混合债券基金的收益曲线与股市走势大致相吻合。下面看一下兴全可转债混合基金的走势情况，如图 8-11 所示。

图 8-11　兴全可转债混合基金与沪深 300 指数走势对比图

如图 8-11 所示，兴全可转债混合基金的走势与沪深 300 指数的走势基本吻合。另外，该基金运行过程中的特点与前面所讲的汇添富可转换基金相似，即基金净值会随着股市下跌，但跌幅却又不大，反之，股市上涨时，基金净值也会随之上攻。

由于可转债本身具有托底的特性，使得可转债基金的跌幅始终是有限的。可转债基金的这种特性，特别适合一些保守型投资者持有。

第九章

债券指数基金投资策略

相对于股票指数来说,债券指数受到的关注要少很多。债券指数基金与股票指数基金的设计思路相同,也是希望通过追踪债券指数,获得一个债券市场的平均收益。

第一节　债券指数基金及优势

相对于普通债券基金来说,债券指数基金的安全性更好,收益更为稳定。对于保守型投资者来说,无疑是一种最佳的避险工具。

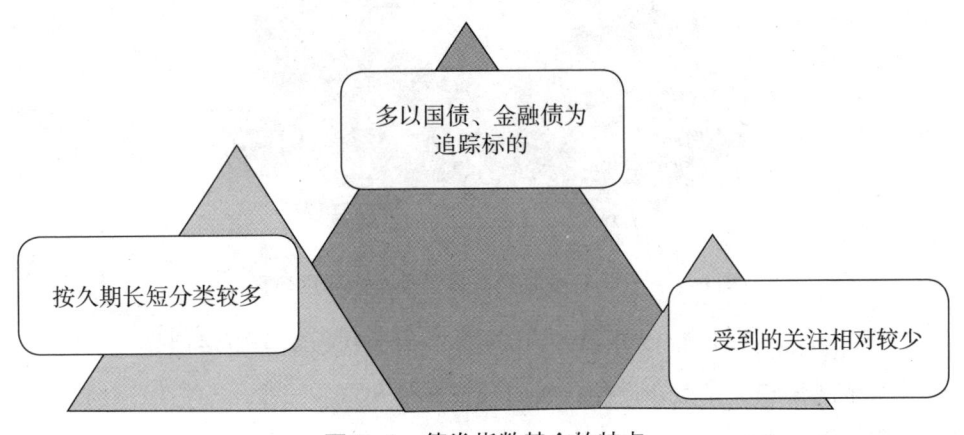

一、债券指数基金的特点

债券指数基金与股票指数基金存在一些不同,主要具有如下几个显著特征,如图 9-1 所示。

图 9-1　债券指数基金的特点

第一,债券指数基金追踪的对象为债券指数,构成债券指数的债券以国债、政策性金融债为主,信用债很少被纳入债券指数当中,这就使得债券指数基金的安全性更高,几乎不用担心债券违约的问题。

第二,与股票指数相似,债券指数也细分成多种债券指数,如中证国债、中证金融债、中证企业债等。尽管债券指数的分类方法很多，但目前市场用于指导基金操作的，更多地还是以债券期限的长短来划分的，如1～3年期债券国债指数、5～7年期债券金融债指数等。

第三，相比普通债券基金，债券指数基金受到的关注较少，因而这些基金的规模普遍偏小。未来随着大家对债券指数基金的认识越来越深入，这类基金有望获得更好的发展空间。

二、与普通债券基金的不同点

与普通债券基金相比，债券指数基金具有如下几个显著的不同点，如图9-2所示。

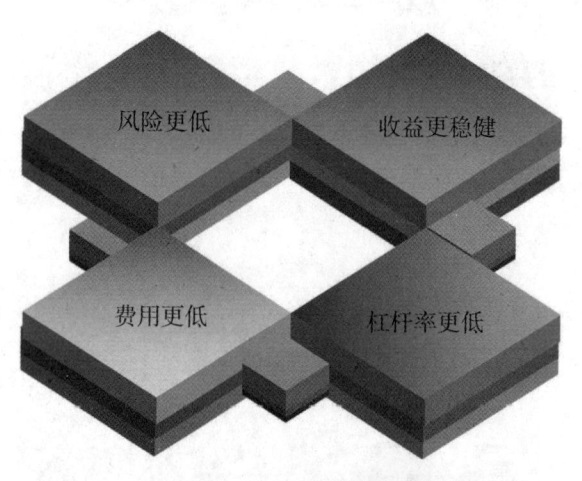

图9-2 债券指数基金与普通债券基金的不同点

第一，风险更低。前面介绍过，市场上的债券指数基金更多地是基于国债、政策性金融债相关指数建立的，因而其安全性更高，很少出现信用违约问题。

第二，从收益上来看，指数型基金能取得平均值以上的收益，这是指数型基金与其他基金最显著的区别。投资者在选择普通的基金产品时，有些基金产品的表现可能好一些，而另外一些则可能差一些，这就为投资者制造了一系列选择困境，而债券指数基金的收益更趋于平均化，减少了投资者的选择困难。

第三，从费用方面来看，债券指数基金的各项费用要低于普通债券基金，这一点与股票型基金和股票型指数基金比较相似。在管理费和销售服务费等费用方面，即使是同一家基金公司，债券指数基金的费用也要低于普通的债券基金。

第四，从杠杆率来看，债券指数基金的杠杆率更低。前面介绍过，债券基金借助质押式回购等方式实现杠杆操作是非常普遍的现象，通过使用杠杆，可以提升债券基金的资金利用效率，在债市走牛时，可实现增厚收益的目的，而在债市走熊时，杠杆过高可能加速债券基金收益下滑，也就是说，杠杆在放大收益的同时，也增加了债券基金的风险。债券指数基金由于需要紧密追踪相关的债券指数，不会采用杠杆的方式放大风险系数，也就是说，债券指数基金比普通的债券基金更为稳健。

第二节 债券指数及其典型的基金产品

债券指数基金是以相应的债券指数为追踪标的的，因此，其收益情况受债券指数以及构成指数的债券价格波动的影响很大。

一、债券指数及其作用

债券指数是反映债券市场价格总体走势的指标体系。和股票指数一样，债券指数也是一个比值，其数值反映了当前市场的平均价格相对于基期市场平均价格的位置。

一般来说，债券指数的作用包括以下几个方面，如图 9-3 所示。

第一，为预测债券市场的整体走势提供支持。投资者可以通过各种技术分析方法、工具，对债券指数的走势进行分析，并预测未来债券市场的变化趋势。

第二，为各类债券基金和债券投资者提供净值变动参照基准。很多时候，

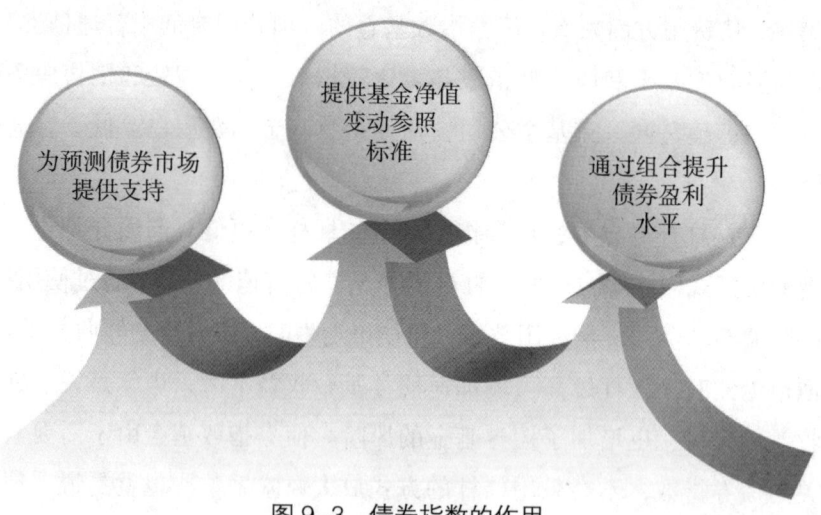

```
   为预测债券市场          提供基金净值           通过组合提升
     提供支持            变动参照标准             债券盈利水平
```

图 9-3　债券指数的作用

不能简单地用净值波动程度来判断投资质量的好坏，毕竟债券市场整体走势会对债券基金或个别债券的收益产生巨大的影响。通过将个别债券或债券基金的收益与债券指数进行对比，可以相对准确地判断出投资的水平和质量。

第三，通过组合投资提升债券盈利水平。投资者投资个别债券，受到信用水平或收益水平的影响较大，而通过投资债券指数涵盖的"一篮子"债券，则可以有效地提升投资的质量和水平，还可以防范投资风险。

二、债券指数编制机构及指数分类

债券指数有很多种，指数编制机构既包括了国内机构，也包括一些国外机构。

1. 债券指数编制机构

目前，影响力较大的债券指数编制机构主要有以下几个。

（1）中央债券登记结算有限公司。

该机构编制的债券指数是基金公司应用最多的，其著名的指数包括国债指数、金融债指数、企业债指数以及债券总指数等几种。

（2）中证指数有限公司。

目前，中证指数有限公司编制的债券指数主要包括两大系列，其一为中证债券指数，其二为上证债券指数。

（3）深圳证券信息有限公司。

深圳证券信息有限公司编制的债券指数主要包括两大系列，其一为深证债券指数，其二为国证债券指数。

（4）金融机构发布的债券指数。

发布债券指数的金融机构包括中国银行、中信集团以及全国银行间同业拆借中心等。除了上述国内债券指数发布机构外，还有一些国外的债券指数发布机构，也编制了一些针对国内债券市场的债券指数，如IBOXX亚债中国指数等。

2. 常用的债券指数

尽管市场上发布债券指数的机构很多，债券指数品种也有很多，但被基金公司用于指导投资建仓债券时经常使用的债券指数并不多，其中主要包括以下几类。

（1）中央债券登记结算公司发布的中债系列指数，是目前市场上使用较为广泛的债券指数。被追踪最多的指数包括以下几类。

其一，债券综合指数。很多基金公司都有针对性的债券指数基金，如易方达中债新综指基金，就是以"中债-新综合指数"为追踪标的的债券指数基金。

其二，中债指数体系内的一些针对国债、金融债的专项债券指数，也常常成为基金追踪的标的，如包括国开行金融债、农发行金融债的相关指数。如广发中债7~10年国开债指数基金，就是以"中债7~10年期国开行债券指数"为追踪标的的债券指数基金。

（2）中证指数有限公司发布的中证债券指数系列，也是应用比较广泛的指数。比如，安信信用主体50债券指数型基金就是以"中证信用主体50债券指数"为追踪标的的。还有一些指数分级基金是以中证可转债指数为追踪标的。

（3）中信集团发布的中信标普债券指数。也有一些债券基金，如长盛全债指数增强债券基金,就是以"中信标普全债债券指数"为追踪标的的。

总之,目前市场上的债券指数基金中,追踪中债系列指数的指数型基金占据了绝对多数,其他债券指数使用的还比较少。

三、典型的债券指数基金——南方中债 10 年期国债指数基金

南方中债 10 年期国债指数基金成立于 2011 年 5 月 17 日,该基金的投资目标是采用被动式指数化投资,通过严格的投资纪律约束和数量化的风险管理手段,以实现对标的指数的有效跟踪。

南方中债 10 年期国债指数基金的投资范围被限定在中债 10 年国债指数范围之内,但也并不完全一致。在该基金的投资范围中这样描述,"本基金将以不低于基金资产净值 90% 的资产投资于中债 10 年期国债指数成份券和备选成份券",若市场中成份债券不足时,可以将不超过基金资产净值 10% 的仓位投资于非成份券。这就意味着,该基金的净值走势会与追踪的指数存在一定的误差,但一般会控制在每年 2% 以内。

1. 基金基本情况

南方中债 10 年期国债指数基金的基本情况如表 9-1 所示。

表 9-1 南方中债 10 年期国债指数基金基本情况表

所属基金公司	南方基金	创立日期	2011.5.17
基金规模	0.31 亿元(2020.3.31)	基金评级	无
现任基金经理	董浩(2020.4.21)	任职开始时间	2015.9.11
基金经理任期回报	16.6%(2020.4.21)	任期沪深 300 涨幅	15.13%(2020.4.21)

从基金的基本情况介绍中可以看出,该基金整体规模偏小。不过,作为指数型基金,规模大小其实影响并不大。该基金经理任职时间四年有余,其间沪深 300 指数的涨幅为 15.13%,而本基金的涨幅为 16.6%。考虑到该指数型基金为无风险基金,在之前的四年多时间里,该基金的收益仍然优于沪深

300 指数，说明该类基金确实可以作为较佳的避险选择。

2. 基金持仓分布

在南方中债 10 年期国债指数基金的招募说明书中列明，该基金以中债 10 年期国债为追踪标的，因而该基金的投资方向主要为国债，且为 10 年期国债。

截至 2019 年 12 月 31 日，该基金持仓资产按类别划分情况如图 9-4 所示。

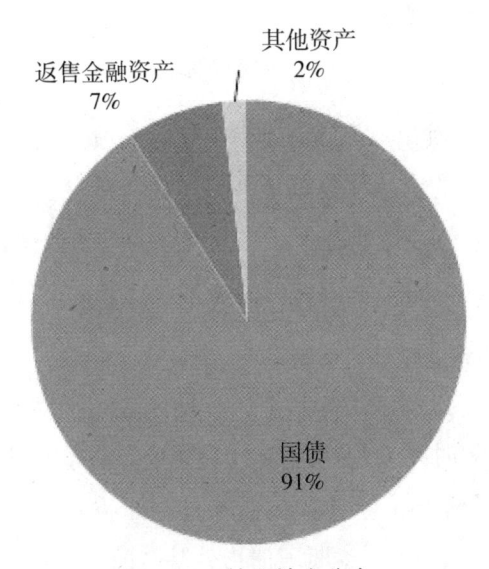

图 9-4　基金持仓分布

从图 9-4 中可以看出，南方中债 10 年期国债指数基金近期持仓以国债等固定收益资产为主，占到了总仓位的 91% 左右。不过，由于指数型基金最终需要与追踪的指数一致，而 91% 的国债仓位其实是无法保证该基金的净值走势与指数一致的，因此，很多债券指数基金会通过适当的质押式回购来提升债券的仓位，以保证基金收益水平与指数相近。比如，该基金在具体投资时，就将国债的总仓位提升至基金净值的 102%（2020 年 3 月 31 日数据）。也就是说，很多债券指数基金都会通过适当放大杠杆，以促使基金整体收益与指数保持一致。

下面再来看一下该基金的五大持仓债券及市值占比，如表 9-2 所示。

表 9-2 南方中债 10 年期国债指数基金的五大持仓债券

序号	债券代码	债券名称	数量（张）	公允价值（元）	占基金资产净值比例（%）
1	180019	18 附息国债 19	400,000	42,520,000.00	34.77
2	190016	19 附息国债 16	300,000	31,026,000.00	25.37
3	190006	19 附息国债 06	200,000	21,034,000.00	17.2
4	190015	19 附息国债 15	200,000	20,924,000.00	17.11
5	190012	10 附息国债 12	100,000	10,041,000.00	8.21

（资料来源：南方基金网站，截至 2019 年 12 月 31 日）

从表 9-2 中可以看出，南方中债 10 年期国债指数基金近期的持仓中，前五大持仓国债产品的仓位比重都比较高。这主要是基于以下两方面考量：其一，由于该基金为债券指数基金，需要追踪债券指数所包含的债券；其二，尽管债券有很多种，但同属于国债产品，都具有较高的安全性。

3. 基金收益情况

在债券基金中，指数型债券基金属于低风险品种，其收益为市场平均收益水平。如果用几年时间来观察指数型债券基金的净收益走势就会发现，这些基金的收益曲线会呈向右上方倾斜的态势。

下面看一下南方中债 10 年期国债指数基金的走势情况，如图 9-5 所示。

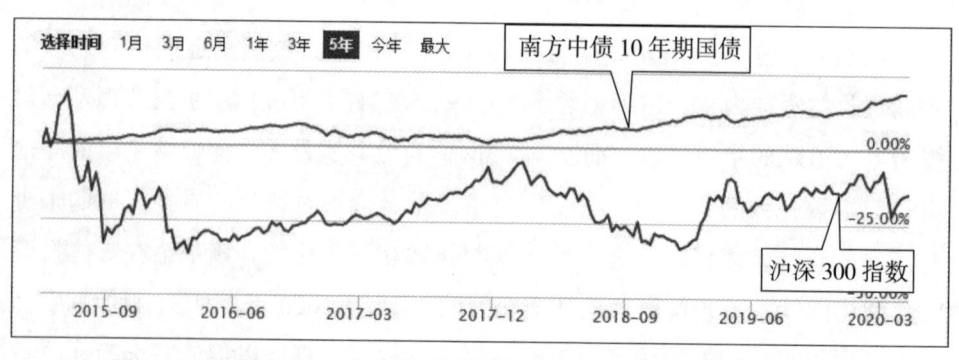

图 9-5 南方中债 10 年期国债指数基金与沪深 300 指数走势对比图

如图 9-5 所示，南方中债 10 年期国债指数基金在过去五年时间里的净收益达到了 18.96%，而同期沪深 300 指数的涨幅为 -14.78%。也就是说，投资者若在过去五年的时间里一直持有南方中债10年期国债指数基金,其收益要远远高于沪深300指数基金。当然,这与五年前股市正处于牛市高点有关。不过,从该基金与沪深300指数的走势对比中仍可以看出,指数型债券基金的走势更为稳健,比较适合保守型投资者。

第三节 债券指数基金投资技巧

债券指数基金与股票指数基金相似,在投资过程中,指数的选择要优于基金品种的选择。投资者在进行债券指数基金投资时,需要掌握以下几个技巧。

一、识别市场利率运行趋势

个体服从于趋势,债券指数基金也是如此。在盈利能力最强的时刻入场,是获取投资收益最大化的关键。从长远来看,尽管保守型投资者长期坚守债券指数基金确实可以获得较为稳定而丰厚的回报,但如果能在市场利率下行拐点到来时入场或加仓,无疑可以增强基金的盈利能力。

在投资实战中,投资者需要重点关注以下几个机会。

第一,市场利率开始向下拐头。这是一个非常重要的信号,通常市场利率由上升通道转向下降通道,都是由于经济基本面出现了某些不利信号。也就是说,在经济欣欣向荣的日子里,市场主体投资热情高涨,政府为了抑制过热的投资,往往会经常性地加息,此时市场利率就会上行,此时入场建仓债券基金或指数型债券基金肯定是不利的。反之,当经济不景气时,政府为了刺激消费,拉动需求,就会采用降息的手法,此时对于债券基金和指数型债券基金而言,都是较好的入场机会。

第二,作为普通投资者,识别市场利率整体运行趋势可能比较困难,借助国债收益率走势来分析整个市场利率走势,是一个不错的方法。通常情况下，国债收益率与市场利率走势会呈现一致性，而与债券基金的走势相反。因此，当国债收益率开始下行时，也是一个入手债券基金的良机。

总之，相比股市运行趋势，市场利率运行趋势更为稳定，且更容易识别，这对于喜欢投资债券指数基金的投资者而言，就变得相对容易了。只要准确识别出当前市场利率运行趋势，就可以放心入场投资了。

二、全面评估指数

对于债券指数的评估，并非像对股票指数评估那么复杂，一般需要从以下几方面入手，如图9-6所示。

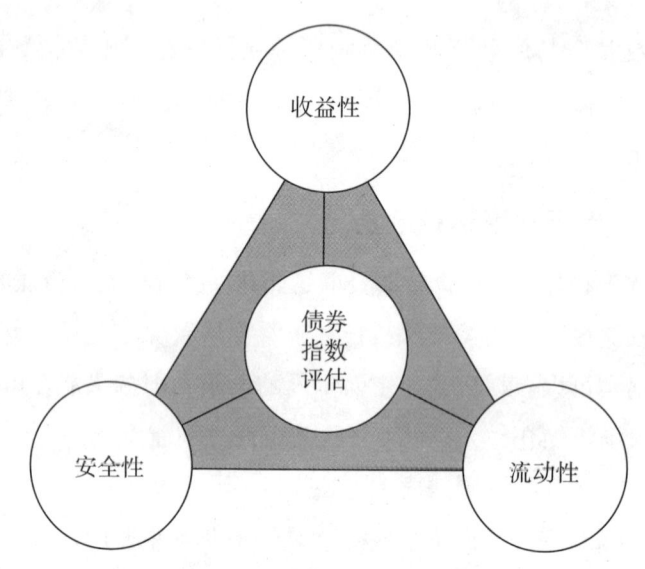

图9-6 债券指数评估维度

第一，收益性。

通常情况下，债券指数都是由一篮子债券构成的，其中以金融债、国债为主。构成这些债券指数的债券本身，票面利率相差并不是很大（通常一些长期企业债的收益更高一些），但各个指数之间还是有些差别的。对于股票指数来说，这种差别几乎可以忽略不计，但对于债券指数来说，这种差别还是很大的，毕竟投资债券本身就是一个积少成多的过程，任何投资者都不能无视这种差别。

第二，安全性。

安全性也是评估债券指数的一个重要指标。前面曾经说过，若单看收益性的话，可转债指数、企业债指数要远远优于纯债指数、国债指数和金融债指数，但企业债指数会涉及信用与违约问题，而可转债又与股市走势密切相关。总之，投资者在选择债券指数时，需要对指数的收益与安全进行平衡。

第三，流动性。

这是一个与股票指数完全不同的评估维度。政府或企业等债券发行主体发行的债券数量是有限的，被纳入债券指数后，很多债券基金出于跟踪指数的需求，就会被动买入这些债券。若市场上的债券不足，就会存在流动性不足的问题，将会影响债券指数的走势和债券基金的布局，这也是市场上债券指数基金喜欢追踪国债和金融债指数的原因之一，毕竟国债和金融债的数量非常充裕，有利于基金的操作。

三、挑选合适的指数基金

通常情况下，投资者可以通过以下几种方法找寻合适的债券指数基金品种，如图9-7所示。

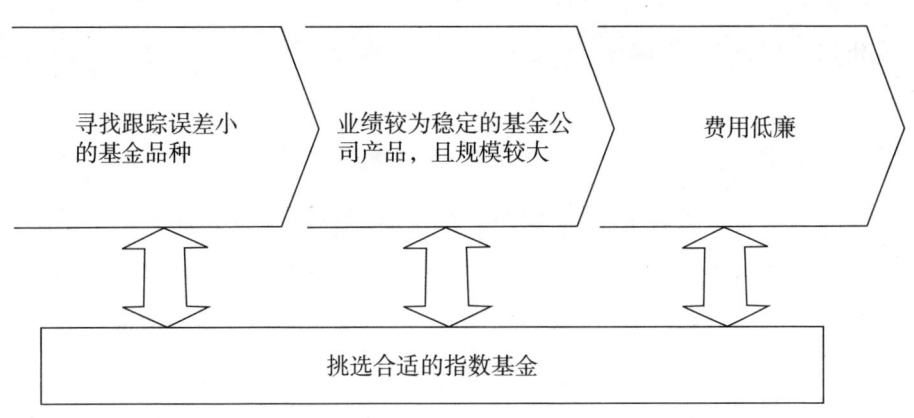

图9-7 挑选合适基金的方法

1. 寻找跟踪误差较小的基金

债券指数基金的种类相对较少，主要包括标准的债券指数基金和增强型债券指数基金两类。相对而言，因为增强型指数基金试图取得超越指数的业绩，因而基金收益可能会与指数出现一定的偏差，而标准的指数基金与指数的偏差则小得多。

第一类，标准的指数型基金。

指数型基金是以对应的指数为参照标的的基金品种，该基金以与指数涨跌同步为投资目标。因此，该类基金并不需要基金管理者主动考虑投资标的，只需按照指数的构成债券及占比配置资金即可。由于这类基金必须预留一定比例的现金用于应对投资者的赎回操作，因而其债券仓位一般在95%左右，这也是其收益与指数存在偏差的一个主要原因。其实，这也是很多债券指数基金或多或少都会用一些杠杆的原因，毕竟当债券指数基金预留5%以上的备用现金后，其收益会与指数产生较大的偏差，通过适当地增加杠杆，则可以解决这一问题。

第二类，增强型指数基金。

该类基金的管理者试图在跟踪指数的同时超越指数的收益，因而，其会对构成指数的债券以及权重占比进行适度调整，当然，这种调整会控制在一定的幅度之内，以免收益偏离指数太多。

相比较而言，增强型指数基金与指数之间的偏差可能会大于标准型指数基金。

2. 业绩稳定的基金公司产品，且规模较大

尽管普遍认为跟踪的指数相同，基金收益也基本一致，但由于债券指数基金整体规模相对偏小，很可能会导致基金运营不稳定，因此，投资者在选择债券指数基金时，要尽量选择品牌影响力较大的基金公司中规模较大的品种。

3. 费用低廉

由于债券指数整体波动幅度较小，因而债券基金的费用可能成为影响投资收益的重要因素。投资者在选择具体的基金品种时，需要从自身预期的持仓周期入手，选择各项费用较低的基金品种。

第十章

其他类型债券基金投资

目前，债券基金市场上除了前面介绍的几种类型外，还有一些相对比较特殊的债券型基金，如定开型债券基金、封闭型债券基金、LOF债券基金等。

第一节　定开型债券基金投资策略

定开型债券基金，即定期开放型债券基金。从本质上来讲，定开型债券基金也是一种债券基金，但其申购和赎回都有明确的时间限制，投资者只能在规定的时间内进行申购与赎回操作，在其他时间里，该类基金呈封闭状态，投资者无法进行申购与赎回操作。按照开放时间间隔的长短，可以将该类基金划分为6个月定开型债券基金、一年期定开型债券基金、18个月定开型债券基金、两年期定开型债券基金和三年期定开型债券基金。

一、定开型债券基金的特点及优势

通常情况下，定开型债券基金到开放期后，会有10天左右的申购与赎回操作期，投资者必须在开放期内进行申购与赎回操作。若在开放期内没有完成申购与赎回操作，则需等到下一个开放期。如图10-1所示。

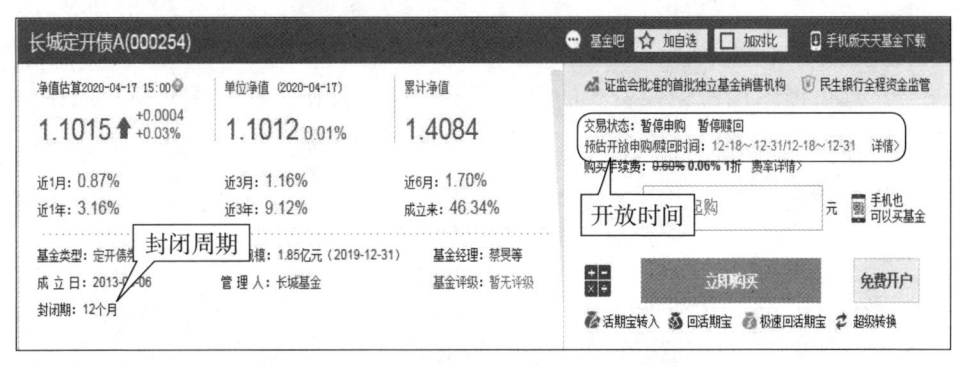

图10-1　长城定开债券型基金（2020.4.17）

从图 10-1 中可以看出，长城定开债券型基金的封闭周期为 12 个月。也就是说，该基金每年开放一次申购与赎回。该基金的开放时间为每年的 12 月 18 日到 12 月 31 日，其他时间的交易状态为：暂停申购、暂停赎回。也就是说，投资者只有在开放时间段内进行申购与赎回操作，其他时间不能对该基金进行任何操作。

从投资范围来看，定开型债券基金与普通的债券基金并没有区别，但其定期开放的特点和其他债券基金相比，也具有很多优势，如图 10-2 所示。

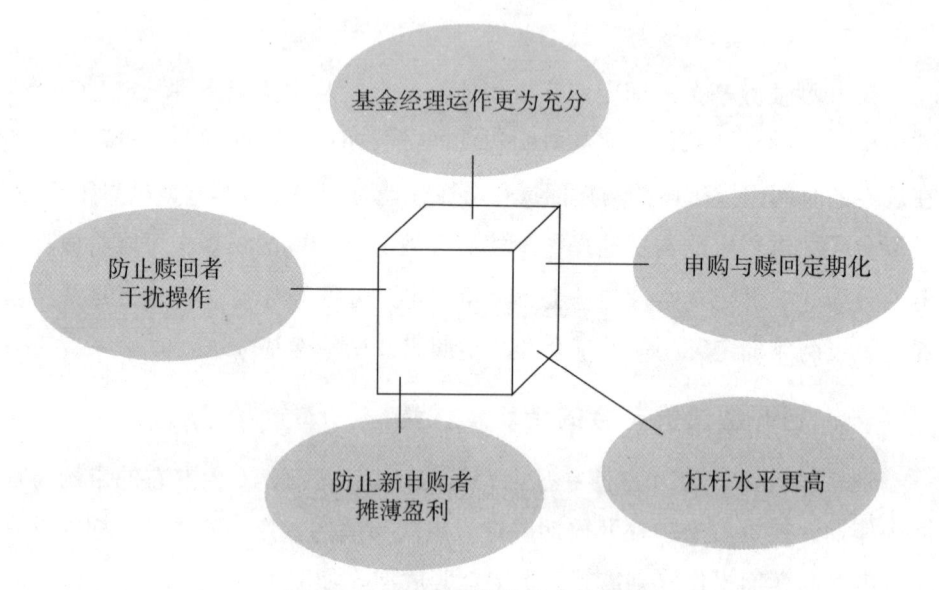

图 10-2　定开型债券基金的优势

第一，基金经理运作更为充分。由于该类基金的开放时间比较固定，基金经理可以不用考虑投资者的日常申购与赎回操作，而将主要精力用在债券的操作方面，可以极大地提升基金经理的运作效率。也就是说，基金规模相对更为稳定，基金经理在基金运作过程中，可以避免受到资金流动带来的影响。

第二，申购与赎回都是定期进行的。该类基金在大多数时间里可以不用预留赎回备用金，从而提升了资金的利用效率。

第三，借助质押式回购，提高杠杆水平，放大收益。在封闭期内，基金经理可以提高杠杆水平。在利率下行趋势中，这类操作可以使债券基金的收益得以放大。

第四，由于普通债券基金每天都会面对大量新的申购者，基金经理又无法每天调整标的，这就使得在一些时间内债券基金的收益被摊薄（特别是一些申购资金量较大的日子），而定开型债券基金则可以避免这种情况，使投资者的收益得到保障。

第五，在股市进入牛市后，很多股票投资者可能会经常性地赎回债券基金并进入股市，这就使得普通债券基金不得不被动地卖出投资标的，使得投资收益减少。定开型债券基金的赎回日期都是固定的，因此基金经理可以更加从容地应对投资者的赎回操作。

二、定开型债券基金的风险

尽管定开型债券基金具有其他债券基金不具备的一些优势，但也同样存在一些风险，具体来说，包括以下几点。

第一，基金运作的风险。由于定开型债券基金最短的开放间隔时间也在半年以上，若基金运作出现问题，投资者无法第一时间将手中的基金兑现。因而，投资者在挑选定开型基金产品时，需要对基金公司、基金经理以及基金以往的业绩进行全方位的了解和分析，以选准基金品种，规避投资风险。

第二，由于封闭期内投资者无法进行任何操作，因而对基金经理的要求也比较高。基金经理必须是诚实、守信的人，才值得投资者以资产相托付。

第三，定开型债券基金的流动性较差，投资者不能随时将手中的基金变现。因而，投资者在投资前，需要对自己的资产进行合理规划，只有那些长期不用的资金才能用于投资定开型债券基金。

三、定开型债券基金的选择技巧

目前，定开型债券基金在债券市场越来越受到欢迎，基金公司发行的定开型债券基金的品种也越来越多。下面介绍几种选择定开型债券基金的技巧，如图10-3所示。

1	尽量选择纯债债券基金
2	挑选杠杆率相对较低的债券基金
3	封闭期不能过长，也不能太短
4	选择成立时间较长，且收益较佳的基金

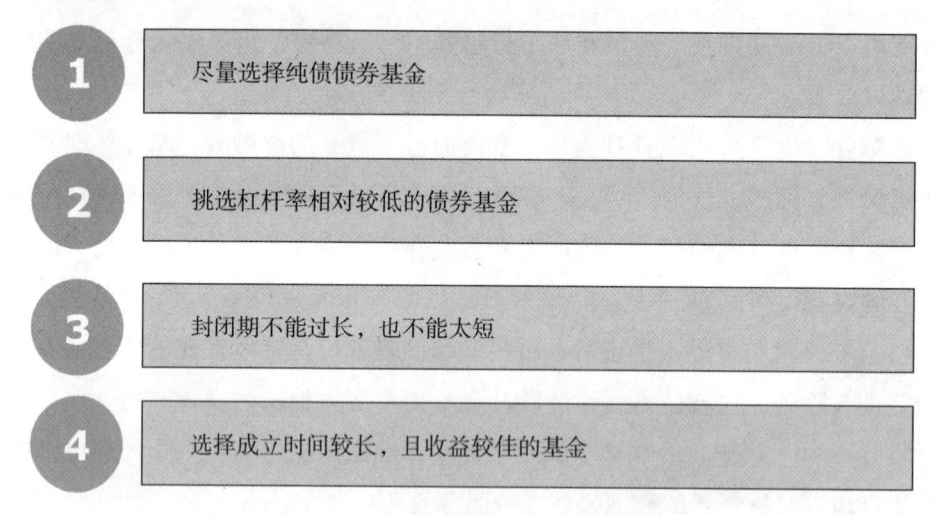

图 10-3　定开型债券基金的选择技巧

第一，尽量选择纯债基金。

目前，定开型债券基金产品中，既有纯债债券基金，也有投资范围涵盖可转债、打新股等业务的非纯债债券基金。根据以往的经验来看，投资者投资定开型债券基金还是要选择定开债基中的纯债基金为宜。涉足股票的债券基金净值走势往往与股市走势相吻合，因而股市涨跌对基金净值影响较大，若遇股市大幅下跌，因投资者无法及时赎回基金，可能会给投资造成较大的损失。

第二，挑选杠杆率相对较低的债券基金。

尽管债券基金都会借助杠杆来提升资金的利用效率，但并不是杠杆率越高越好。普通债券基金的杠杆率在 140% 以内，定开型债券基金的杠杆率一般控制在 160% 左右即可，当利率进入下行通道时，有些定开型债券基金可能会将杠杆率提升至 200% 的水平。高杠杆率，在利率下行，债券基金获利较强时，是债券基金扩大收益的一个绝佳武器，但是一旦市场转向，其亏钱的速度也是相当快的，因此，凡事适度为宜。

第三，封闭期不能过长，也不能太短。

前面介绍过，大多数定开型债券基金的封闭周期为 6 个月到 3 年。相对而言，6 个月的时间过短，不利于基金经理进行投资运作，3 年的时间又太长，如果投资者在此期间有资金需求，就无法赎回，同时，若基金运作出现问题，投资者也只能眼看资金出现损失。对于大多数投资者来说，一年定开是一个不错的时间段，长短比较适中。

第四，选择成立时间较长，收益较佳的基金。

很多时候，投资者对基金经理缺乏必要的了解，只能通过基金过往的运作业绩来判断一只基金的好坏，而一些成立时间较短的基金则难以判断其表现水平。正因为如此，投资者在选择定开型债券基金时，要尽量选择那些成立时间较长、业绩比较稳定的基金品种。

四、经典定开债基金品种——中邮定期开放债券基金

中邮定期开放债券基金成立于 2013 年 11 月 5 日，该基金的投资目标是在追求本金长期安全的基础上，力争为基金份额持有人创造超越业绩比较基准的稳定收益。

中邮定期开放债券基金的投资范围以债券为主，并不涵盖股票、权证以及可转债等高风险资产。这就意味着，该基金的净值走势与股市不会产生任何关联，与纯债基金的走势相似。同时，由于其属于定期开放型债券基金，收益水平要优于纯债基金。

1. 基金基本情况

中邮定期开放债券基金的基本情况如表 10-1 所示。

表 10-1　中邮定期开放债券基金基本情况表

所属基金公司	中邮基金	创立日期	2013.11.5
基金规模	2.75 亿元（2019.12.31）	基金评级	无
现任基金经理	武志骁（2020.4.17）	任职开始时间	2020.3.20
基金经理任期回报	0.76%（2020.4.17）	任期沪深 300 涨幅	3.5%（2020.4.17）

从基金的基本情况介绍中可以看出，该基金整体规模偏小，基金经理的运作较为受限。该基金经理任职时间不足一个月，其间沪深 300 指数的涨幅为 3.5%，本基金的涨幅为 0.76%。由于该基金经理任职时间较短，投资者需

要进一步观察该基金的后续净值变动情况。回顾该基金在过去三年里的表现，其收益尚佳（净收益17.14%），特别是该基金属于纯债类基金，这个收益水平是相当不错的。当然，由于该基金更换了基金经理，后续的收益情况还有待于进一步观察。

2. 基金持仓分布

在中邮定期开放债券基金的招募说明书中列明，该基金不投资任何股票、权证以及可转债等高风险资产，也就是说，该基金属于典型的纯债基金。

截至2019年12月31日，该基金持仓资产按类别划分情况如图10-4所示。

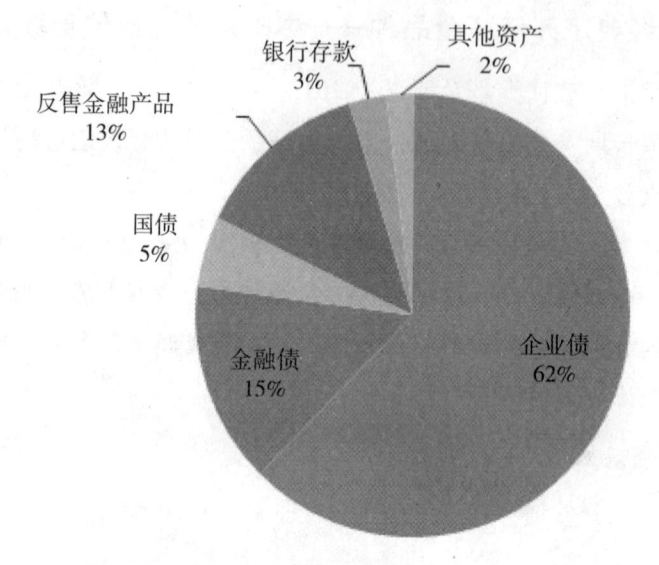

图 10-4 基金持仓分布

从图10-4中可以看出，中邮定期开放债券基金近期持仓以债券等固定收益资产为主，其中企业债占据了绝大多数仓位，也就是说，该基金的仓位布局重点在企业债，这与企业债的利率水平高于金融债和国债有关。当然，企业债的高占比为基金带来较为丰厚收益的同时，也存在一定的信用安全隐患，一旦某只企业债出现违约风险，基金就可能出现较为严重的损失。

下面再来看一下该基金的五大持仓债券及市值占比，如表10-2所示。

表 10-2 中邮定期开放债券基金的五大持仓债券

序号	债券代码	债券名称	数量（张）	公允价值（元）	占基金资产净值比例（%）
1	190208	19 国开 08	400,000	40,240,000.00	12.68
2	124501	PR 皋沿江	600,000	24,684,000.00	7.78
3	1480019	14 江夏城投债	500,000	20,915,000.00	6.59
4	010107	21 国债	170,000	17,467,500.00	5.50
5	1480472	14 浏阳城建债	400,000	16,620,000.00	5.24

（资料来源：中邮基金网站，截至 2019 年 12 月 31 日）

从表 10-2 中可以看出，中邮定期开放债券基金近期的持仓中，持仓占比最高的 19 国开 08 的仓位占到了 12.68%。同时，前五大重仓债券中企业债的占比较高，且五只债券的总仓位较高（其他四只均为企业债）。该持仓占比说明两点：其一，由于该基金整体规模偏小，因而各类债券的占比相对较高；其二，从该基金的持仓债券占比中可以发现，除了金融债外，各只企业债的占比也较高（均超过了 5%），这可能使该基金面临一定的信用风险，投资者宜谨慎。

3. 基金收益情况

在债券基金中，定开型债券基金属于低风险品种，当然收益也不高。如果用几年时间来观察定开型债券基金的净收益走势就会发现，这类基金的收益曲线与股市走势完全不同。下面看一下中邮定期开放债券基金的走势情况，如图 10-5 所示。

图 10-5　中邮定开债与沪深 300 指数走势对比图

如图 10-5 所示，中邮定期开放债券基金在过去三年里的净收益达到了 17.14%，而同期沪深 300 指数的涨幅仅为 10.33%。也就是说，投资者若在过去三年里一直持有中邮定开债基金，其收益要远远高于沪深 300 指数基金。同时，从二者的净值走势可以看出，沪深 300 指数的波动非常剧烈，而中邮定开债的走势则一直比较平稳，呈现长期稳步上扬的态势，这也是很多保守型投资者选择定开债基金的原因所在。

第二节　封闭型债券基金投资策略

封闭型基金是与开放型基金相对的概念，是一种基金规模在发行前已经确定，在发行完毕后和规定的期限内，基金规模固定不变的基金品种。

通常情况下，封闭型基金一经成立就会立即转入封闭期，在封闭期间基金规模不变，投资者不能直接向基金公司申购和赎回。基金公司可以在封闭期内按照预先核准的投资范围进行投资运作，也就避免了因投资者频繁申购与赎回操作对基金公司投资运作造成的影响。目前，在债券基金领域，定开型债券基金越来越受欢迎，封闭型基金受到的关注却越来越少，当然，这也与很多封闭型债券基金的封闭期一过就会转为开放型基金有关。

一、封闭型债券基金的特点及优势

与普通的债券基金相比，封闭型基金具有如下几个特点。

第一，封闭型基金在封闭时间内，无须考虑投资者的申购与赎回操作。通常情况下，封闭型债券基金都会设置较长的封闭期，如一年到三年不等。基金经理可以按照既定的投资策略进行资产布局，从而实现投资收益最大化。

第二，借助质押式回购，提高杠杆水平，增厚收入。在封闭期内，基金经理可以提升杠杆水平，在利率下行趋势中，这类操作可以使债券基金的收益得到放大。

第三，由于普通债券基金每天会面对大量新的申购者，而基金经理又无法每天调整标的，这就使得在一些时间内债券基金的收益被摊薄（特别是一些申购资金量较大的日子），而封闭型债券基金则可以避免这种情况，使投资者的收益得到保障。

二、封闭型债券基金的风险

与定开型债券基金相似，封闭型债券基金也存在一定的投资风险，具体来说，包括以下几点。

第一，基金运作的风险。由于封闭型债券基金转为开放的时间最少也要一年以上，若基金运作出现问题，投资者无法第一时间将手中的基金兑现。因而，投资者在挑选基金产品时，需要对基金公司、基金经理以及基金以往的业绩进行全方位的了解和分析，以选准基金品种。

第二，由于封闭期内投资者无法进行任何操作，因而对基金经理的要求也比较高。基金经理必须是诚实、守信的人，才值得投资者以资产相托付。

第三，封闭型债券基金的流动性差，投资者不能随时将手中的基金变现。投资者在投资前，需要对自己的资产进行合理规划，只有那些长期不用的资金才能用于投资封闭型债券基金。

三、封闭型债券基金与定开型债券基金的不同

从前面的分析中可以看出，封闭型债券基金与定开型债券基金有很多共同点，但也存在一定的不同点，具体来说，包括以下几个方面。

第一，只有一个封闭期。封闭型债券基金的封闭时间是一次性的。当封闭完成后，该基金就会转为开放式基金，与其他债券基金就没有区别了，而定开型债券基金短暂开放后还会重新进入封闭周期，如此周而复始。

第二，业绩评价标准不同。定开型债券基金有专项排名，投资者可借此比较业绩水平。封闭型债券基金因其开放前后分属两种类型的基金，因而需要分别进行业绩评价，即封闭期内，该基金需要按照封闭型基金进行业绩比较，开放后，该基金就转型为开放型基金，需要按照开放型基金进行业绩评价，

且封闭期的业绩不能带入开放期。

第四，从市场接受角度看。目前，由于市场对封闭期较长的封闭型基金并不看好，因而单纯的长期的封闭型基金越来越少。兼具开放型基金和封闭型基金两者优势的定开型基金，则越来越受到市场的欢迎。

四、典型的封闭型债券基金品种——汇安嘉诚一年封闭债券基金

汇安嘉诚一年封闭债券基金成立于2019年8月9日，该基金的投资目标是在严格控制投资组合风险并保持资产流动性的前提下，力争长期内实现超越业绩比较基准的投资回报。

汇安嘉诚一年封闭债券基金的投资范围以债券为主，并不涵盖股票、权证。不过，该基金可持有可转债以及由可转债转换过来的股票等高风险资产，但这类股票资产占基金净值的比例不能超过10%。这也就意味着，该基金的净值走势与股市可能存在一定的关联，与一级债券基金的走势会比较相似。不过，由于该基金存在一年的封闭期，需要投资者权衡个人的风险承受能力。

1. 基金基本情况

汇安嘉诚一年封闭债券基金的基本情况，如表10-3所示。

表10-3 汇安嘉诚一年封闭债券基金基本情况表

所属基金公司	汇安嘉诚基金	创立日期	2019.8.9
基金规模	8.2亿元（2019.12.31）	基金评级	无
现任基金经理	仇秉则（2020.4.23）	任职开始时间	2019.8.9
基金经理任期回报	5.25%（2020.4.23）	任期沪深300涨幅	5.4%（2020.4.23）

从基金的基本情况介绍中可以看出，该基金整体规模适中，较为适合基金经理的运作。该基金的总规模为8.2亿元，相比股票基金可能规模偏小，但在债券基金领域，已经属于中等规模了。该基金经理自成立伊始便在此基金任职（毕竟封闭期仅一年，截至2020年4月底，成立时间还不足9个月），其间沪深300指数的涨幅为5.4%，本基金的涨幅为5.25%，说明该基金的运作情况还不错。考虑到市场利率下行因素以及股市的波动，投资者需要进一

步观察该基金后续的净值变动情况。不过，该基金的封闭期仅为一年，投资者需要留心封闭期结束后基金规模以及业绩的波动等情况。

2. 基金持仓分布

在汇安嘉诚一年封闭债券基金的招募说明书中列明，该基金不投资任何股票、权证，但可以持有可转债以及由可转债转换而来的股票，且该类股票的净值占基金资产的比例不超过10%。也就是说，该基金属于偏一级债券基金。

截至2019年12月31日，该基金持仓资产按类别划分情况如图10-6所示。

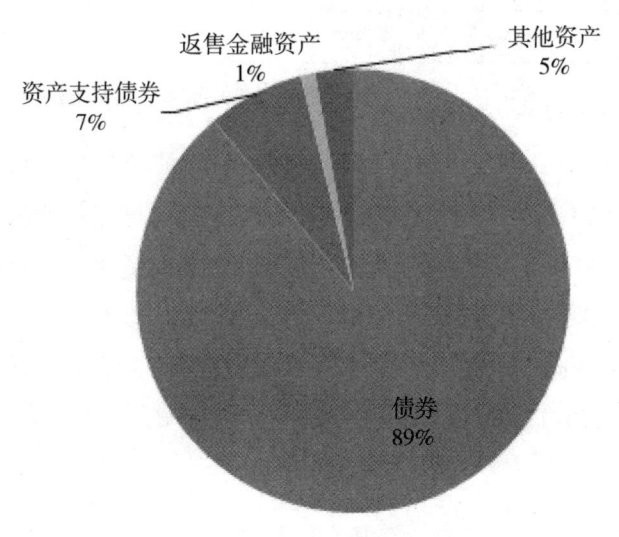

图 10-6　基金持仓分布

从图10-6中可以看出，与之前讲的中邮定开型债券基金相似，汇安嘉诚一年封闭债券基金近期持仓也以债券等固定收益资产为主，其中企业债占据了绝大多数的仓位。也就是说，该基金的债券仓位布局重点在企业债，这与企业债的利率水平高于金融债和国债有关。当然，企业债的高占比在为基金带来较丰厚收益的同时，也存在一定的信用安全隐患。一旦某只企业债出现违约风险，基金就可能遭受较为严重的损失。这类带有封闭运营性质的债券基金，往往对高利率债券有着更高的期待，其实这也与市场对其的期待有关。投资者买入封闭型债券基金或定开型债券基金，肯定是希望其收益水平能够超过开放式债券基金,否则投资者牺牲流动性就毫无意义了。

下面再来看一下该基金的五大持仓债券及市值占比,如表10-4所示。

表10-4 汇安嘉诚一年封闭债券基金的五大持仓债券

序号	债券代码	债券名称	数量(张)	公允价值(元)	占基金资产净值比例(%)
1	122416	15好民居	1,200,000	120,948,000.00	9.19
2	101658057	16武汉旅游	1,000,000	100,610,000.00	7.65
3	200201	20国开01	1,000,000	100,490,000.00	7.64
4	101762018	17湛江交投	900,000	92,502,000.00	7.03
5	1480472	14浏阳城建债	900,000	91,620,000.00	6.97

(资料来源:汇安嘉诚基金网站,截至2019年12月31日)

从表10-4中可以看出,汇安嘉诚一年封闭债券基金近期的持仓中,持仓占比最高的15好民居仓位占到了9.19%。同时,五只债券的总仓位较高。该持仓占比说明两点:其一,该基金由于整体规模适中,因而各类债券的占比相对较高;其二,从该基金的持仓债券占比中可以发现,除了金融债外,各只企业债的占比也较高(均超过了6%),这可能使该基金面临一定的信用风险,投资者宜谨慎。

3. 基金收益情况

在债券基金中,封闭型债券基金属于中低风险品种,通常在封闭期内的表现会优于其他债券基金,也正因为如此,封闭型债券基金才会设置一定的封闭期,以保护初始投资的投资者利益。当封闭型债券基金开放后,其收益表现会与其他债券基金无异。

下面看一下汇安嘉诚一年封闭债券基金的走势情况,如图10-7所示。汇安嘉诚一年封闭债券基金在过去三年里的净收益为4.31%,而同期沪深300指数的涨幅仅为-2.18%。考虑该基金的封闭周期仅为一年,且截至2020年4月底,该基金成立时间不足9个月,因此只能选取6个月的业绩进行对比。从业绩走势来看,该基金的业绩非常平稳,而同期沪深300

指数却出现了较大幅度的波动，说明该基金的走势非常符合保守型投资者的需要。

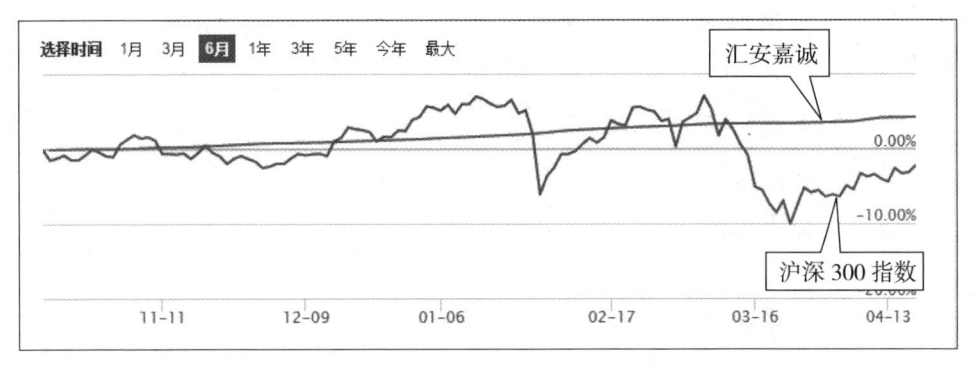

图 10-7　汇安嘉诚一年封闭债券与沪深 300 指数走势对比图

第三节　LOF 债券基金投资策略

LOF 基金，全称为上市型开放式基金，是一种吸收了封闭型基金和开放型基金的优点而设计的一款基金品类。该基金在认购结束后，投资者既可以从常规的基金销售渠道进行申购，也可以通过网上证券交易系统买卖该基金份额。当然，若投资者不是在证券公司或证券交易系统内申购该基金，那么，要想通过网上交易该基金产品，还需要办理转托管手续。

一、LOF 基金的基本特征

LOF 基金非常容易识别，一般情况下，在正常的基金名称之后会有一个括号，里面会注明"LOF"标识，如"汇添富纯债债券（LOF）"基金。通过该基金的名称可以知道，这是一只纯债基金，同时也是 LOF 基金。

LOF 基金具有如下几个典型的特点。

第一，基金不仅有单位净值，还有交易价格。

LOF 基金不仅有单位净值，而且在二级市场上还会有一个报价。例如招商信用添利债券基金（LOF），在 2020 年 4 月 23 日，该基金的单位净值为 1.038 元，而该基金在二级市场的收盘价为 1.039 元。尽管二级市场的交易价格会受供求关系影响而出现上下浮动，但整体上仍会围绕净值波动，毕竟一旦市价偏离净值太多，就会有套利盘涌入，从而抵消价差。相对于其他基金，债券基金的市场报价与基金净值之间的落差较小，特别是纯债基金的价差更小。

　　第二，LOF 基金本质上属于开放式基金。

　　由于 LOF 基金的份额会根据投资者的申购与赎回随时变化，因而 LOF 基金本质上与开放式基金并没有多大的区别。

　　第三，基金净值并不因市场价格的波动而变化。

　　LOF 债券基金只是比普通债券基金多了一个市场价格，其本身的净值变化还是基金经理运作的结果，而非市场报价变化的结果。不过，由于市价与净值之间总是存在一定的落差，也很容易吸引套利资金入场，很可能造成基金规模的不稳定。比如，很多投资者见到基金份额的市场报价明显高于基金净值时，就会向基金公司申购基金份额，然后再到二级市场出售，反之亦然。这样就可能造成基金规模的不稳定。

二、LOF 基金套利技巧

　　前面介绍过，由于 LOF 基金有两个价格，且这两个价格之间不一定会保持一致，因而很多套利资金会利用两者之间存在的价差进行套利。LOF 基金套利方法大致分为两种：其一，手中没有基金的套利方法；其二，手中有基金的套利方法。

　　1. 手中没有基金的套利方法

　　投资者若发现 LOF 基金的市场价格明显高出基金净值，而手中又没有基金，则需要采用先申购基金再卖出的套利方法。其具体操作方法如下。

　　第一，利用证券交易系统，场内申购相应的 LOF 基金。尽管场内申购费用可能相对高一点（目前，有些证券公司的场内申购费用已经能够做到与其他基金销售机构大致相同），但省去了转托管的麻烦。由于 LOF 基金的最新净值都需要在下午三点收盘之后得出，因而，投资者在下午三点之前的申购都会以当日收盘价为准。换句话说，投资者在进行基金套利之前，需要预估当日的基金净值是否值得进行套利操作。

第二，预估好时间差，打好提前量。

LOF 基金的申购需要在 T 日下午三点之前，T+1 日基金份额能够到账，T+2 日方可执行卖出操作。投资者需要了解从申购基金到基金到账过程中，基金市场价格可能会出现何种波动。如果基金报价朝着不利于自己的方向发展，套利计划就无法顺利实施。

当然，投资者若执行反向操作，也是同样的情况，即先从二级市场买入基金份额，再申请赎回基金。

总之，对于手中没有基金的投资者来说，实施 LOF 基金套利的风险相对比较高，毕竟谁也无法准确预估基金的价格或净值。

2. 手中有基金的套利方法

手中持有 LOF 基金的投资者进行套利相对简单一些，可按照以下步骤实施。

第一，投资者发现基金市场价格高于基金净值，可立即将手中的基金份额在二级市场卖出，换取现金。

第二，投资者拿到现金后，重新申购原持有份额的基金。这样，投资者手中的基金份额没有改变，却在一个交易日内完成了一次基金套利操作。

相对于手中没有基金的投资者而言，手中有基金的操作更为简单，风险也更低。当然，债券 LOF 基金的市场报价与基金净值之间的价差相对股票型基金小很多，正因为如此，利用债券 LOF 基金进行套利的情况很少，除非一些资金在盘中进行突然袭击。

如图 10-8 所示，招商信用债券基金在 2020 年 2 月 11 日开盘后，报价并未出现任何波澜。此时，市场报价与基金净值之间没有太大的价差，也不会有套利资金入场。9:52 左右，该基金的报价突然被大幅拉升，而且拉升幅度极大，接近 10%，此时，手中持有该债券基金的投资者可以迅速卖出手中的份额，毕竟持有债券基金一年也未必会有 10% 的收益。卖出基金份额后的投资者，可在债券基金价格恢复常态后再度接盘买回来。对于很多投资者来说，当口该基金的波动出乎意料，即该基金出现了两次套利机会，9:58 左右，该基金的报价再度被大幅拉升。

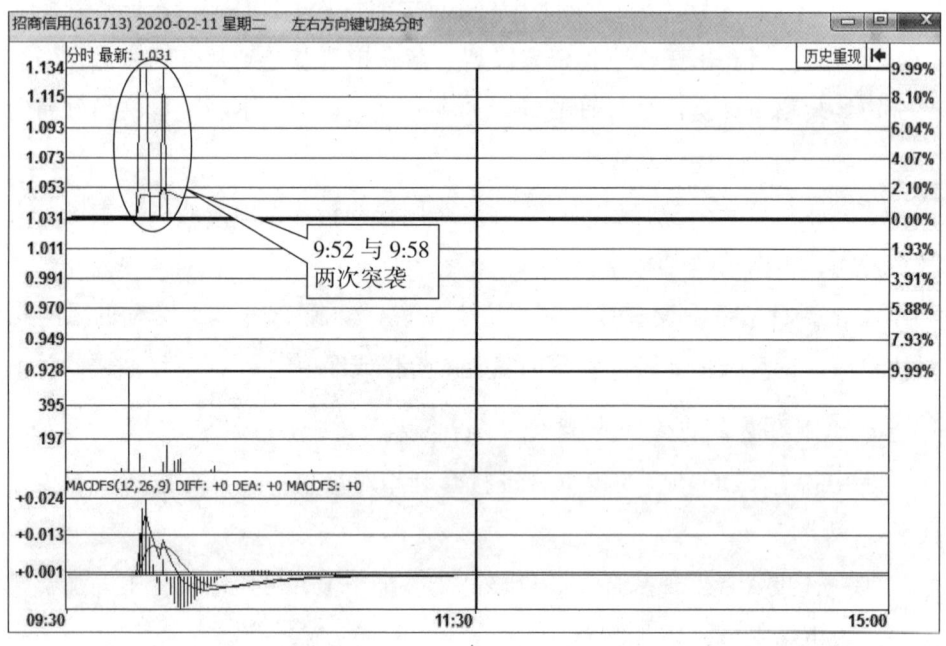

图 10-8 招商信用债券基金（161713）分时走势图（2020.2.11）

当然，对于手中没有基金份额的投资者来说，现从基金公司申购基金份额然后再到二级市场出售肯定是来不及的，因此，想要从事 LOF 基金套利的投资者，手中还是需要握有相当数量的基金份额的。

第十一章

债券基金基本投资策略

与其他类型的基金产品相似,投资债券基金也需要讲究一定的策略与方法。

第一节　债券基金投资前的筹划

投资债券基金的入场时机、收益与风险的平衡以及构建合理的基金组合，都需要投资者在投资开启前做好筹划。

一、时间策略：何时入场

一般来说，债券基金的收益波动并不剧烈，长期持有基本不会亏损。但是，任何投资都不是以不亏损为前提的，还涉及到一个机会成本的问题，也就是如果没有投资债券基金，而投资其他基金，能否获得更高的收益。债券基金的收益曲线也并不是一直呈向右上方倾斜的，有时也会出现走平甚至回落。图 11-1 所示为建信纯债债券基金最近五年的累积收益走势图。

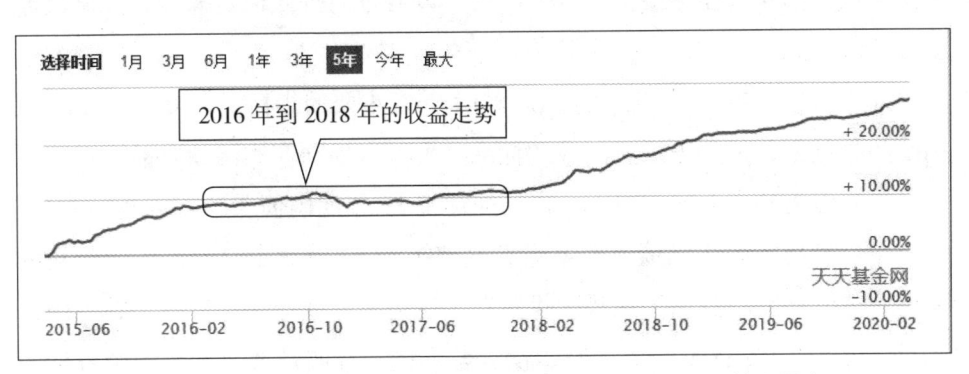

图 11-1　建信纯债债券基金的收益曲线（来源：天天基金网）

从图 11-1 中可以看出，建信纯债债券基金的收益曲线一直呈向右上方倾斜态势，从这点上来看，只要长期持有债券基金，一般都是会实现盈利的。

不过，在2016年到2018年期间，建信纯债的收益曲线一直呈横向运行态势，也就是说，在这一时段，该债券基金并没有取得更高的收益。投资者若在此阶段入场，可能不会获得多少收益，甚至有出现亏损的可能。在两年的时间里，收益无法放大，从机会成本的角度考虑，并不能算是理想的投资决策。

对于投资者来说，介入债券基金的最佳时机肯定应该是其收益进入上行通道的时刻。事实上，债券基金的收益波动并不像股票型基金那么没有规律，而是具有典型的周期性。在实际投资中，投资者需要把握这样几个机会。

1. 市场利率与国债收益率进入下行通道

前面在介绍债券基金收益时曾经提到过，市场利率水平是影响债券基金收益的一个重要因素。通常情况下，当市场利率进入上升通道后，国债收益率也会同步走高。由于国债属于无风险投资，其收益走高后，就会有很多原来投入债券基金的资金转向进入国债市场，债券基金的收益必然走低。同时，由于市场利率提升，债券基金的管理者通过质押式回购操作的空间减少，甚至可能会出现亏损，这都可能造成债券基金的收益下滑。反之，当市场利率下降时，国债收益率也会同步走低，很多原来投资国债的资金就会进入债券基金领域，同时，债券基金的管理者还可以通过质押式回购操作，提升债券基金的收益。

总之，作为参考，国债收益率是一个非常重要的指标。在市场上，10年国债的收益率更是其中重要的参考标准。由于市场利率和国债收益率都不可能无限制地上升或下降，因而，市场往往将10年期国债3.5%的收益率看成是一个中轴指标。当国债收益率向上突破3.5%并继续走高时，说明市场利率和国债收益率同步趋于强势，投资者应避免买入债券基金；反之，当国债收益率低于3.5%且不断下行时，投资者可将其看成是债券基金一个较佳的入场时机。如图11-2所示。

从图11-2中可以看出，10年期国债收益率走势具有明显的波段运行特征。在2016年年底到2018年年初期间，10年期国债的收益率持续上行，最高达到了 3.944%。此后，该国债的收益率进入了下降区域，到了 2020 年 3 月底，该国债的收益率已经跌至 2.682%。投资者可据此设计债券基金的入场与离场计划，即从 2018 年年初开始，投资者都可以进行债券基金的投资，直至 10 年期国债结束下降趋势。

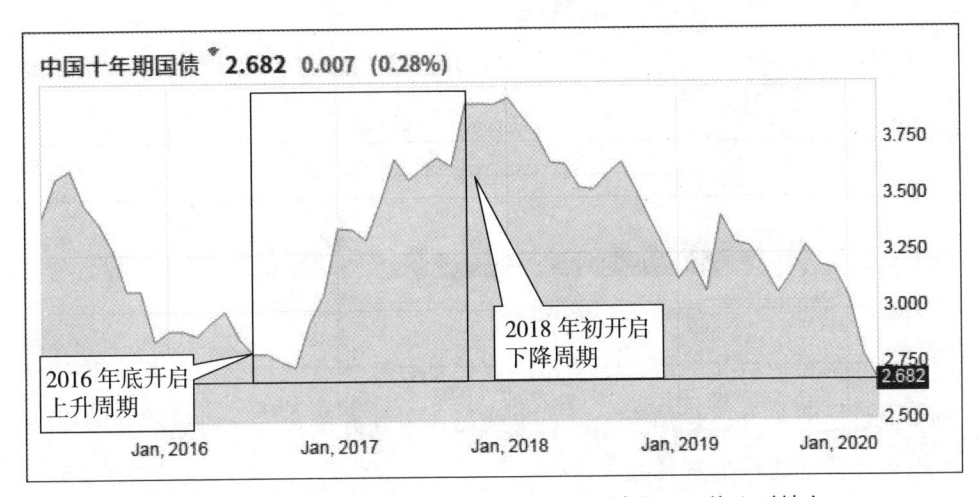

图 11-2　10 年期国债收益率走势图（资料来源：英为财情）

2. 股市下行，避险介入

债券基金在很多时候都可以作为股市资金的避风港，即当股市进入下降通道后，投资者继续征战股市风险很大，其中一些投资者就会将资金从股市转移至债券基金。通常情况下，投资市场也会存在这样的现象：国民经济进入下行通道，股市也会随之下行，政府为了刺激经济，就会降低市场利率，从而导致国债收益率下降，债券基金的收益就会同步走高；反之，当国民经济进入发展的快车道时，政府为了抑制投资过热的问题，就会连续提高存贷款利率，国债收益率也会同步走高，债券基金就会进入下行通道。

如图 11-3 所示，上证指数在最近几年出现了振荡下行态势，特别是自 2018 年年初开始，上证指数自 3587 点一路振荡下行，并在 2018 年年底到达了 2440 点的低点。在此期间，投资者很难从股市中获利，因而，最理想的选择无外乎是将资金撤出股市，转入债券基金市场。前面曾经介绍过，其实这一阶段正是国债收益率下行，债券基金收益走高的阶段。

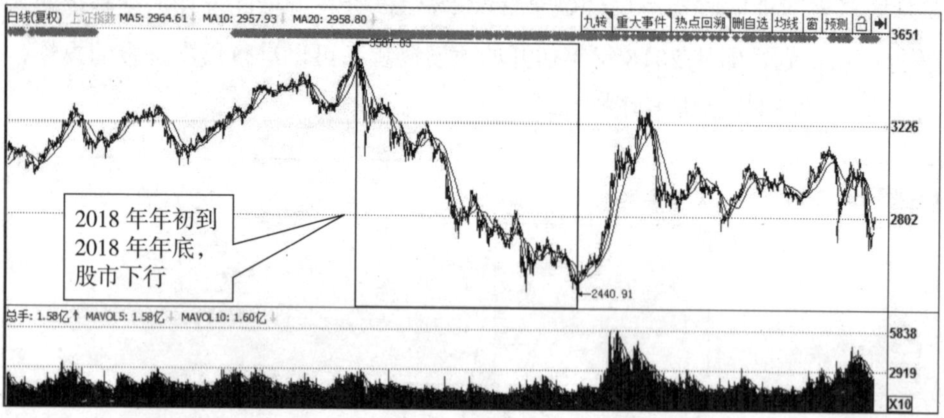

图 11-3　上证指数（000001）日 K 线走势图

在大部分时间里，股市与债市的收益都存在相背的情况，即股市上行，债市下行；股市下行，债市上行。也就是说，债券基金完全可以成为股市下跌趋势里资金的一个避风港。

二、品种策略：构建合理的基金组合

即使在债券基金这一领域的内部，其收益与风险水平也存在很大的差异。在债券基金范畴内，按风险系数从高到低排列，依次为混合型债券基金、可转债基金、纯债基金（含短债、超短债基金）。

1. 基金组合配置与风险承受能力

投资者在设置自己的投资组合时，需要考虑这样几点。

第一，风险承受能力大小。

个人可供投资的资产较多，且风险承受能力较强的投资者，可以配置一些混合型债券基金，这类基金的风险比纯债基金大，但收益也可能更高。同时，由于混合型债券基金的股票仓位是可以动态调整的，这就使得这些基金可以在股市进入熊市时将股票仓位将至 0，而牛市时又可以将股票仓位升至 40% 左右，这种操作无疑可以将债券基金的收益最大化。当然，由于股市风云多变，基金经理的加仓与减仓也未必非常及时，因此，股市进入下跌趋势时，混合型债券基金出现亏损也是常态。正因为如此，介入混合型债券基金，也需要投资者具有较高的风险承受能力。反之，可转债基金特别是纯债基金，从长期来看，一般很少出现亏损的情况，属于风险承受能力较低者的最佳选择。

第二，投资者的年龄。

年轻的投资者和年老的投资者在投资方面采取的策略一定有所不同。有这样一个计算高风险投资占比的公式：

高风险投资占比＝（100－投资者年龄）×%

按照上述公式，投资者的年龄越大，可用于高风险投资的资金占比就越低。例如，当投资者年龄为 30 岁时，可以用于高风险投资的资金占比为 70%。

该公式同样适用于基金组合的设置。在债券基金内部，从混合型债券基金、可转债基金再到纯债基金，投资风险是依次降低的，投资者可根据个人年龄判断各类基金的投资占比。

第三，外围经济环境。

前面曾经介绍过整体经济形势与选择基金的关系。投资者在设置基金组合中各类基金的占比时，需要考虑外部的经济环境，并适度调整各类基金的占比。即在股市处于底部时，加大混合型债券基金、可转债基金的比重；反之，股市自顶部回落时，可考虑加大纯债债券基金的占比。

2. 关于债券型基金品种的选择

（1）混合型债券基金的选择。

目前，市场上混合型债券基金大致包括两个类别：其一，股票最大持仓占比达到 40% 的混合型债券基金；其二，股票最大持仓占比达到 20% 的混合型债券基金。

作为有一定风险承受能力的投资者，混合型债券基金确实是一个不错的选择。风险承受能力稍弱一点的投资者，可以选择股票持仓低于 20% 的混合型债券基金。

当然，这类基金还是要仔细考察基金的历史业绩和基金经理的操作业绩。

其实，在基金投资领域，只要涉及需要挑选股票、债券等投资品种的，投资者都需要对基金经理、基金公司进行考察。相对而言，指数型基金只要把指数挑选好了即可。通常情况下，投资者只需要配置一种混合型债券基金即可。

（2）纯债基金的选择。

很多时候，投资者可以将纯债基金作为货币基金的替代品，当然，前提是这笔资金要是较长时间闲置不用的。投资者可以从纯债基金或超短债基金中选择一种进行配置。大部分纯债基金的收益走势比较相近，只要这些基金经理挑选的企业债没有出现暴雷或违约的情况，纯债基金的收益相差一般不会太大。

三、仓位策略：仓位设置基本思路

相对而言，债券基金的增减仓问题要比股票型基金和指数型基金简单，同时，需要根据债券基金的具体类型进行适当的仓位布局与增减仓设置。

在基金投资品种中，债券基金是相对特殊的一种，投资者很难像股票型基金或指数型基金那样进行定投或采用波段交易的策略来择机调整仓位。债券基金更多的时候是一种低风险偏好者进行长期资产保值增值的品种，以及中高风险偏好者在投资股票或股票型基金时的一种替代品（即股市进入熊市后，用债券基金替代股票或股票型基金）。基于以上投资思路，在设计债券基金的仓位时，可以遵循这样几个原则。

1. 低风险偏好者的仓位设置

原则上，债券基金尽管存在一定的风险，但从长远来看，其收益水平还是要高于货币基金，特别是当经济与股市双双下行，很多国家的央行都用降息来刺激经济的背景下，债券基金的优势更加明显。因此，对于低风险偏好者来说，完全可以将债券基金作为主要的投资品种，手中只保留少量的货币基金以应付日常支出即可。这里有一点需要特别注意，货币基金的灵活性要比债券基金高。投资者通过将现金存放于手机上的支付宝、腾讯零钱通或京东小金库等，可以实现即时自由支取，而债券基金则需要提前发起赎回申请，几个交易日后才能拿到赎回的资金。因此，投资者在资产配置时，可以将大部分暂时不用的闲钱存入债券基金，而日常开支所需的资金则可以放入货币基金中。

同时，在债券型基金内部，投资者也可以考虑配置少量的可转债基金，从长远来看，这类基金很难出现亏损，只是盈利水平高低的区别。

2. 中风险偏好者的仓位设置

对于中度风险偏好者，可以通过混合型债券基金来调节高风险资产的持仓占比情况。很多混合型债券基金的持仓非常灵活，在股市处于上升趋势中，混合型债券基金的基金经理会提高股票的仓位占比；反之，在熊市行情中，基金经理会将股票仓位占比降低，甚至归零。当然，这类基金的业绩水平与基金经理的操作水平密切相关，投资者需要借助前面提到过的债券基金筛选方法去筛选合适的基金品种。

投资者可以通过混合型债券基金、可转债基金和纯债基金组合投资，来平衡可能遇到的风险。

3. 高风险偏好者的仓位设置

对于能够接受高风险且希望获得高收益的投资者而言，可以将债券基金作为股票或股票型基金的替代品，即当股市进入熊市趋势后，加大债券基金的持仓占比；反之，进入牛市后，再逐步降低债券基金的持仓占比，直至归零。

第二节　投资债券基金的步骤

投资债券基金一般包括以下三个步骤，如图11-4所示。

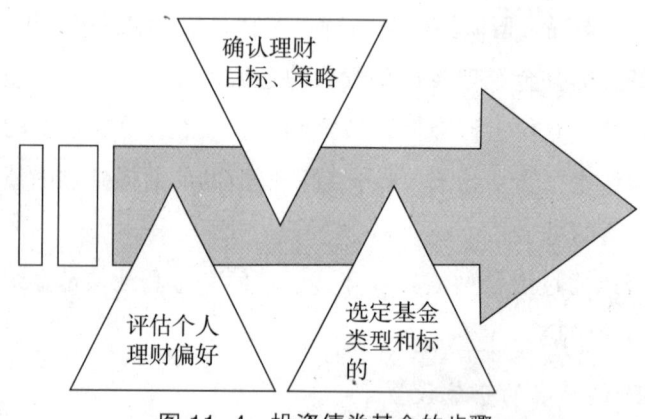

图11-4　投资债券基金的步骤

一、评估个人理财偏好

每个人对理财风险的承受程度都是不同的，因而在制定理财计划时，还要结合自身的风险防控需求。任何时候，风险与收益都是对等的，你能承受多大的风险，也就意味着能够追求多高的收益。如图11-5所示。

从图11-5中可以看出，投资股票的收益可能最高，但风险也是最大的，而货币基金的收益和风险都是最低的。其实，在很多情况下，货币基金几乎是相当于无风险投资，不过随着市场利率不断走低，货币基金的收益也随之下行。对于保守型投资者来说，货币基金的收益显然是偏低的，而债基的优势却日趋明显，即风险相对较低，而收益却要高于货币基金，特别是在市场利率下行的情况下，债券基金的优势更加凸显。

当然，在债基内部，也可以按照风险与收益的等级将纯债基金、可转债基金和混合债基进行排列。纯债基金的收益与风险最低，混合债基的风险和收益最高，投资者可以按照个人能够承受风险的程度确定投资债基的类型。

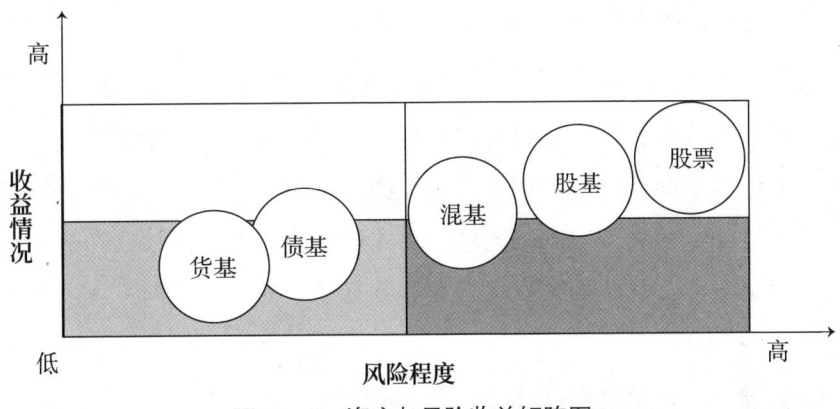

图 11-5　资产与风险收益矩阵图

二、确认理财目标与策略

投资者的理财目标不同，对风险的接受程度也不同，与之对应的理财策略也会有所不同。

第一，以教育、养老为目标的储蓄性投资。这类投资都有固定的用途，一般来说，是属于只能盈利不能亏损的。因此，在债券投资领域，这类资产最好投资于纯债基金，至于是投资超短债基金还是国债基金，还要看投资者的个人偏好。

第二，在保值的基础上，尽可能实现更多的盈利。在债券基金领域，从长远来看，可转债基金或基金中带有可转债投资项目的基金，大多可以实现这一目标。一方面，当可转债市场价格走高时，可转债持有者可以将其直接售出或换成股票售出，以获得较高的收益；另一方面，当可转债价格走低甚至跌破了票面价格时，可转债持有者可将其持有到期获取本金和利息。总之，从长远来看，可转债持有者是不会亏损的，只是盈利多少有所不同。当然，若投资者短期持有可转债基金还是有亏损的可能的，毕竟市场上可转债的价格波动是比较剧烈的，若在高点入手可转债基金，又没有长期持有，就可能出现亏损。

第三，以资产增值为目标的投资。这类资产以增值为主要目标，可以承受一定的风险。在债券基金范围内，二级债基或混合型债基都是不错的选择。

三、选定债券基金的类型及标的

基于债券基金的类型以及投资者的理财目标和策略，一般来说，投资者确定了理财目标，也就大致可以划定投资债券基金的具体类型了，毕竟债券基金的类型不同，收益差别还是很大的。比如，纯债基金和可转债基金的收益与风险就是截然不同的。当然，在纯债基金内部，各种债券基金的收益差别并不是很大，只是根据投资者预期持有基金的时间不同，可以有不同的选择。

1. 根据持仓时间长短选择投资标的

普通的纯债债券基金（非短债或超短债基金），其投资的债券多为长期的企业债，从长期来看，收益相对稳定且较为丰厚，但资金有短期需求时，并不能保证取得较佳的盈利。同理，中短债或超短债基金产品，对于随时有资金需求的投资者来说比较合适。

2. 根据个人偏好选择投资标的

有的投资者更信任国债产品，有的投资者则喜欢定开债品种。那么，投资者可以有针对性地布局相关的债券基金产品。

投资者在选择具体的基金产品时，可以按照之前评估基金产品的三个维度选择最佳的基金产品。一般来说，每种类型的债券基金内部，收益差距并不是很大。

3. 根据业绩排名选择投资标的

投资者也可以借助相关基金网站中关于基金排名的信息，选择业绩相对较好的基金产品。比如，投资者可以在天天基金网点击"基金排名"中的"开放式基金"，进一步选择"债券型"，点击"近3年"选项卡，就可以查看债券基金近3年的业绩排名情况。

如图11-6所示，为近3年所有债券基金的业绩排名情况。从排名结果来看，混合型债券基金、可转债债券基金的收益排名比较靠前，真正的纯债债券基金很难在 3 年内取得 30% 以上的收益。当然，投资者还可以进入“细分领域”选项卡，选择债券基金中的细分领域，如长期纯债基金、短期纯债基金、混合债券基金、可转债基金、定开债基金等。

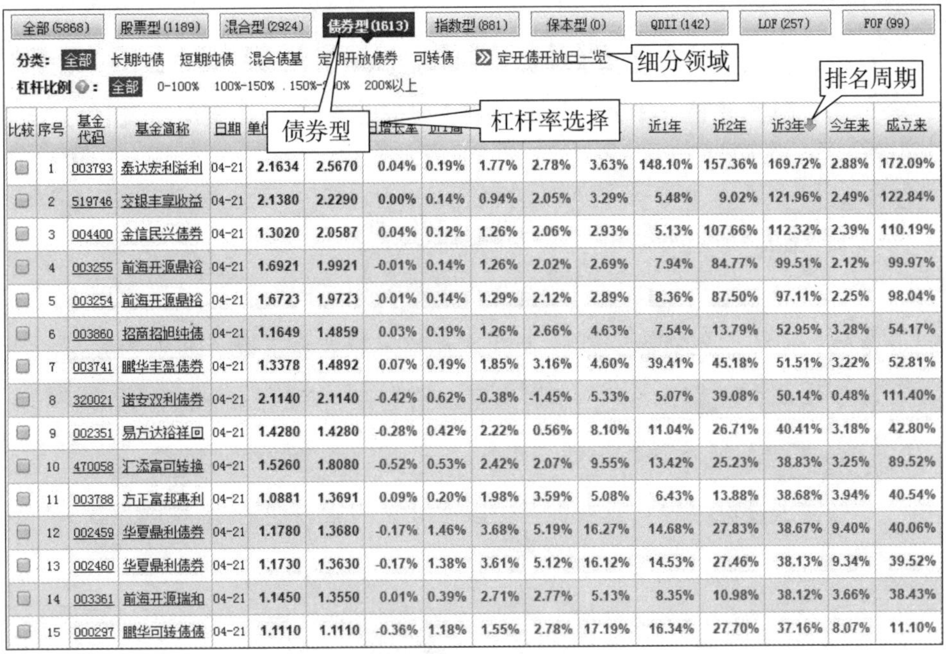

比较	序号	基金代码	基金简称	日期	单		日增长率	近1周				近1年	近2年	近3年	今年来	成立来
	1	003793	泰达宏利溢利	04-21	2.1634	2.5670	0.04%	0.19%	1.77%	2.78%	3.63%	148.10%	157.36%	169.72%	2.88%	172.09%
	2	519746	交银丰享收益	04-21	2.1380	2.2290	0.00%	0.14%	0.94%	2.05%	3.29%	5.48%	9.02%	121.96%	2.49%	122.84%
	3	004400	金信民兴债券	04-21	1.3020	2.0587	0.04%	0.12%	1.26%	2.06%	2.93%	5.13%	107.66%	112.32%	2.39%	110.19%
	4	003255	前海开源鼎裕	04-21	1.6921	1.9921	-0.01%	0.14%	1.26%	2.02%	2.69%	7.94%	84.77%	99.51%	2.12%	99.97%
	5	003254	前海开源鼎裕	04-21	1.6723	1.9723	-0.01%	0.14%	1.29%	2.12%	2.89%	8.36%	87.50%	97.11%	2.25%	98.04%
	6	003860	招商招旭纯债	04-21	1.1649	1.4859	0.03%	0.19%	1.26%	2.66%	4.63%	7.54%	13.79%	52.95%	3.28%	54.17%
	7	003741	鹏华丰盈债券	04-21	1.3378	1.4892	0.07%	0.19%	1.85%	3.16%	4.60%	39.41%	45.18%	51.51%	3.22%	52.81%
	8	320021	诺安双利债券	04-21	2.1140	2.1140	-0.42%	0.62%	-0.38%	-1.45%	5.33%	5.07%	39.08%	50.14%	0.48%	111.40%
	9	002351	易方达裕祥回	04-21	1.4280	1.4280	-0.28%	0.42%	2.22%	0.56%	8.10%	11.04%	26.71%	40.41%	3.18%	42.80%
	10	470058	汇添富可转换	04-21	1.5260	1.8080	-0.52%	0.53%	2.42%	2.07%	9.55%	13.42%	25.23%	38.83%	3.25%	89.52%
	11	003788	方正富邦惠利	04-21	1.0881	1.3691	0.09%	0.20%	1.98%	3.59%	5.08%	6.43%	13.88%	38.68%	3.94%	40.54%
	12	002459	华夏鼎利债券	04-21	1.1780	1.3680	-0.17%	1.46%	3.68%	5.19%	16.27%	14.68%	27.83%	38.67%	9.40%	40.06%
	13	002460	华夏鼎利债券	04-21	1.1730	1.3630	-0.17%	1.38%	3.61%	5.12%	16.12%	14.53%	27.46%	38.13%	9.34%	39.52%
	14	003361	前海开源瑞和	04-21	1.1450	1.3550	0.01%	0.39%	2.71%	2.77%	5.13%	8.35%	10.98%	38.12%	3.66%	38.43%
	15	000297	鹏华可转债债	04-21	1.1110	1.1110	-0.36%	1.18%	1.55%	2.78%	17.19%	16.34%	27.70%	37.16%	8.07%	11.10%

图 11-6　债券基金业绩排名

债券基金运用杠杆是一种常见的情况，但杠杆率越高，也就意味着债券基金面临的风险越大。投资者可根据自身情况，选择杠杆率区间合适的债券基金。一般不建议选择杠杆率超过 200% 的债券基金。

通过查看债券基金业绩的排名情况，可以发现：不同的评估周期，债券基金的排名会出现较大的区别，这主要与其中混合债券基金较多有关，这些债券基金会受到股市波动的影响，当股市向好时，这些基金的排名靠前；反之，则可能比较靠后。投资者在分析债券基金业绩时，必须从全局的角度考虑排名情况，不能简单地挑选排名靠前的基金，还要进一步分析该基金排名靠前的原因。

第三节 债券基金投资规划

从某种意义上来说,基于债券基金的投资规划,本身就带有一种先天的避险需求。因投资者个体情况不同,在避险的基础上,还会对投资目标有不同的期待。

一、基于养老需求的债券基金投资规划

基于养老需求的投资规划,首先应该确认以下问题:除了目前用于规划的资金外,退休之后有无其他收入,这是整个养老需求投资规划的关键点所在。这部分收入的多少,将会直接决定投资的方向与比重分配。

1. 养老需求投资规划的原则

养老需求投资规划一般需要考虑以下几个因素,如图11-7所示。

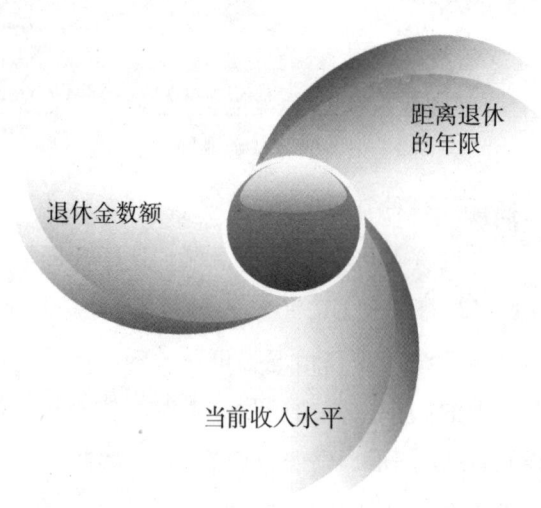

图 11-7 基于养老需求的投资规划需考虑的因素

第一,退休金数额。退休金是保证退休后生活的经济基础。若退休金数额比较理想,那么,当前所做的投资规划中就可以适当地提升风险等级,争

取更好的收益；反之，若退休金数额不理想，则需要保持谨慎的投资风格，以应对未来的变化与需求。

第二，距离退休的年限，也就是还可以取得收入的时间长度。未来可获得收入的时间越长，能够承受的风险也就越大；反之，则越小。

第三，当前的收入水平。当前的收入水平高，则可将更多的资产用于未来的投资，且可以挑战较高的收益；反之，则需要谨慎投资。

2. 投入的总资金规划

将多少资金用于未来的养老投资，也是投资者需要规划的内容。在规划过程中，需要考虑这样几方面内容。

第一，可用于投资的金额。当前收入扣除各项消费之后，可用于投资的金额也是一个重要的参照指标。通常情况下，可用于投资的金额越多，可承受的风险越高，反之则越低。

第二，距离退休的年限。目前，男女的退休年龄分别为60周岁和55周岁，未来退休年龄可能会逐步延迟，投资者需要有所考虑。距离退休的年限是考量可投资额度的重要标准，通常情况下，距离退休的年限越长，设置的投资金额可以越少。

比如，30岁之前就开启养老规划，可以考虑将每月收入的5%左右用于养老规划，毕竟这一阶段日常开支很大。

30岁到40岁之间开启养老规划，可以考虑将收入的5%～10%用于养老规划，此时大部分投资者的生活负担都比较重（买房子、结婚生子等，都需要支付一定的费用）。

40岁到50岁之间开启养老规划，可以考虑将收入的10%～15%用于养老规划。对于很多投资者来说，这一阶段也是生活开支较重的阶段（子女高等教育、赡养老人等，都需要支付一定的费用）。

50岁之后开启养老规划，可以考虑将收入的15%以上用于养老规划。此时生活开支逐步减少，应该为即将到来的退休生活提供更多的储备。

第三，投入资金的节奏。投资者可根据个人的支出与收入情况制定合理的投资计划，确保当前生活不受影响，且在能够应对一般性突发事件的前提下进行投资安排。通常情况下，投资者可先一次性投入金额较大的一笔资金，然后根据每月或每年的收入与支出情况，再定期投入一定的金额。比如，投资者可先将手中的闲钱投入5万元，然后每个月投入1000元或2000元不等。

3. 投资方向规划

基于养老需求的投资规划，有一个明确的目标，即退休后投资者的生活质量不会有明显的下降。因此，在制定投资方向规划时，要针对两类人群进行不同的规划。

第一，没有或仅有少量养老金的投资者。很多投资者由于职业或其他原因，退休后每月可领取的基本养老金数额较低。这部分投资者在制定投资规划时，需要以固定收益产品为主，少量配置中低风险的投资产品。其基本规划方向如图11-8所示。

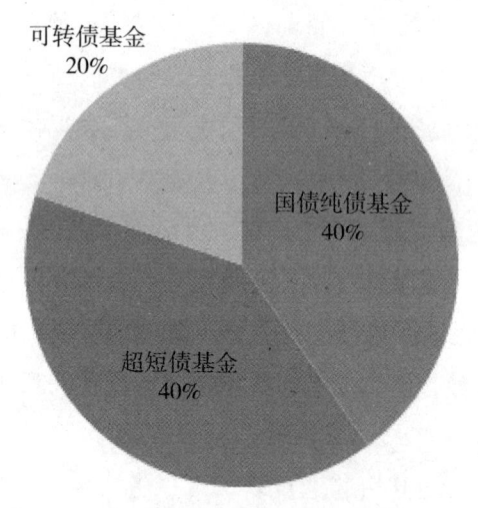

图 11-8 基于养老需求的投资规划一

图11-8中的投资规划比例仅作为一般性参考，投资者可根据个人实际情况进行适当的调整。从图11-8的规划中可以看出，由于投资者固定获得的养老金较少，因而在投资规划中低风险的纯债基金占据了很大的比重，约为80%左右。其中，仅国债基金就占据了40%的比重，这也体现了以安全

性为首要目标。当然,投资者也可将其中的部分国债基金换成货币基金,不过,货币基金收益持续下行的趋势几乎不可避免。

在中低风险产品方面,仅配置了占资产总额 20% 的可转债基金。这主要是考虑可转债资产具有一定的托底功能,即使股市进入熊市,亏损幅度也不会太大。

第二,养老金相对优厚的投资者。这部分投资者由于仅凭自己的养老金也能过上不错的退休生活,因而在投资方面可以承受一定的风险。当然,由于该投资是基于养老需求的投资,风险仍然不能太高。这部分投资者在进行投资规划时,可考虑引入部分中风险投资产品。其基本规划方向如图 11-9 所示。

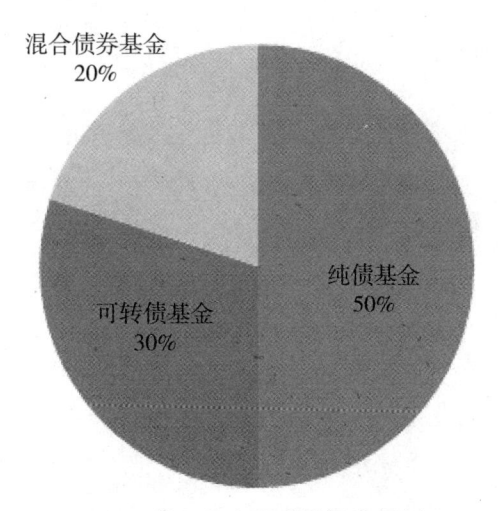

图 11-9 基于养老需求的投资规划二

对比图 11-9 与图 11-8 就可以发现,二者的投资风险倾向完全不同。图 11-9 中,增加了风险等级更高的混合债券基金,同时提升了可转债基金的占比。也就是说,该类投资者由于具有稳固的基本养老金,因而能够承受更高的风险,也就使其能够追求更高的收益。其实,这也是投资领域经常提及的风险与收益对等原则,即能够承受的风险越高,可能获得的收益也越高。

二、基于教育需求的债券基金投资规划

目前，教育支出已经成为大多数家庭很重要的一个支出项目。同时，随着社会对教育越来越重视，多元化教育方式逐步推广，教育支出占家庭支出的比重还会进一步增加。因此，未雨绸缪，提前为子女储备教育资金，是很多家庭的投资需求。

1. 教育需求的特点

与其他需求相比，教育需求具体如下几个显著的特征，如图11-10所示。

图11-10 教育需求的特点

第一，刚性需求。教育需求具有很强的刚性需求特征，并不会因为家庭条件不同而出现太大的变化。看起来，资金雄厚家庭的子女在教育方面的支出可能会远远高于家庭条件一般的子女，但这种开支的差距主要体现在生活费用方面，而非真正的教育方面。很多教育培训机构的学费都是相对固定的，无论何种家庭，只要接受这些教育，就必须支付相对固定的费用。因此，为该项支出准备的资金不能承受风险。

第二，在固定的时间节点支出。教育支出的时间节点相对固定，也几乎可以预测。比如，以家里孩子现在的年龄，到高中需要几年（一般高中开始花费逐步上涨），到大学需要几年（产生大额花销），若读研究生需要准备多少开支等。

第三，非一次性开支。教育开支尽管比较高，却并非一次性支出，而是

一个在若干年内持续固定支出的项目。因此，在规划教育支出时，需要考虑支出的连续性问题。

2. 教育需求投资规划原则

基于教育需求的特点，一般需要考虑以下几个原则。

第一，期望教育水平。期望为子女提供教育的水平，是建立教育投资规划的前提。建议投资者在设置期望水平时，以预期的教育经费为衡量标准，同时，设置教育经费的上限与下限。下限可作为托底教育保障线，也是未来投资的最低收益水平线。

第二，距离教育支出的年限，也就是还可以持续增加投资的年限。通常情况下，距离支出的年限越近，越需要增加投资金额，并降低高风险资产的比重。

第三，当前收入水平。当前的收入水平越高，则可将更多的资金用于未来的投资，且可以挑战较高的收益；反之，则需谨慎投资。

3. 投入总资金规划

将多少资金用于未来的教育投资，也是投资者需要规划的内容。在规划过程中，需要考虑这样几方面内容。

第一，可用于投资的金额。当前的收入扣除各项消费之后可用于投资的金额，是一个重要的参照指标。通常情况下，可用于投资的金额越多，可承受的风险越高；反之，则越低。

第二，子女人数及年龄。投资计划启动时，子女的年龄，也就是距离需要大额开支时间远近以及子女人数，都是需要提前规划的。

子女出生后就开启教育投资规划，则有大约15年（15周岁左右开始进入高中）的完整教育投资时间，其后，可能还有三年的教育投资时间（该时段的投资额只能达到之前的一半水平，毕竟已经开始大额支出了）。若按此规划，教育投资的时间应该算是比较长的，每年将10%左右的收入用于教育投资，还是比较充裕的。若子女人数增加，则投资占比也要相应地提升，但最好不要超过25%。

子女进入小学后开启教育投资规划，实际可利用的时间仅为 9 年。进入高中后，已经开始较大额度的开支，此时开启教育投资时，投资资金要占到家庭收入的 15% 以上。当然，这一比例并非绝对标准，家庭条件不同，收入不同，未来的期望不同，投资占比也会有所不同。

第三，投入资金的节奏。投资者可以根据个人支出与收入情况制定合理的投资计划，确保当前生活不受影响，且在能够应对一般性突发事件的前提下进行投资安排。通常情况下，投资者可先一次性投入金额较大的一笔资金，然后根据每月或每年的收入与支出情况，定期投入一定的金额。比如，投资者可先将手中的闲钱投入 5 万元，然后每个月投入 1000 元到 2000 元不等。

4. 投资方向规划

基于教育需求的投资规划有一个明确的目标，即孩子上学时必须提供足够的资金支持。因此，基于教育需求的投资，必须有相对稳定的收益。

第一，宝宝出生后或出生前就开启投资计划。通常情况下，开启投资计划越早，以后能够承受的风险也就越大，也就有余力拿出一部分资金去投资高收益产品。其基本投资规划方向，如图 11-11 所示。

图 11-11 中的投资规划比例仅作为一般性参考，投资者可根据个人实际情况适当地进行调整。从图 11-11 的规划中可以看出，由于投资者开启投资计划的时间较早，因而，在投资规划中，除保证低风险产品占据较大的比重外，还可以尝试一些稍高风险的产品，如混合债券基金等。当然，投资者也可以将这部分基金转换为指数型股票基金。这部分资产属于可以接受高风险的资产，但笔者仍不建议投资普通的股票型基金，毕竟股票型基金与股票相似，有些可能表现不错，有些相对较差，而指数型股票基金至少能够保证收益维持在一个平均水平。我们投资规划的首要目标是保障教育需求而非资产升值，因此，保证资金的安全是十分重要的。

在风险收益方面，仅配置了占资产总额 20% 的可转债基金和 20% 的混合债券基金。这样安排，主要是考虑在保证本金安全的同时，还能博取股市上升带来的额外收益。

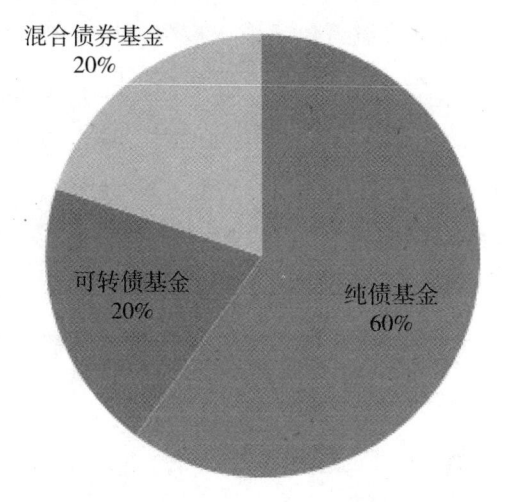

图中饼图:
- 混合债券基金 20%
- 可转债基金 20%
- 纯债基金 60%

图 11-11 基于教育需求的债券基金投资计划一

第二，宝宝上学后开启投资计划。一般来说，宝宝已经开始上学，家里也就开始产生了一部分教育支出，尽管这时候的支出相对较少，但也会影响整个教育投资的比重。同时，此时开启投资计划，能够承受的风险相对较小。当然，若资金量较大，仍可以解决投资时间短的问题（高收入家庭可按照图 11-11 中的配置方法进行投资规划）。其基本投资规划方向如图 11-12 所示。

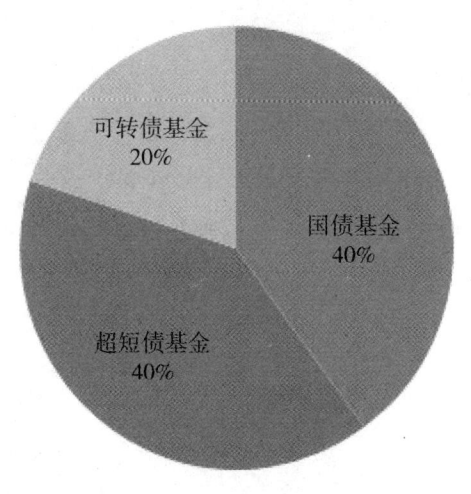

图中饼图:
- 可转债基金 20%
- 国债基金 40%
- 超短债基金 40%

图 11-12 基于教育需求的债券基金投资计划二

从图11-12的规划中可以看出，由于投资者启动教育投资计划的时间较晚，因此，在投资规划中，低风险的纯债基金占据了很大的比重，约为80%左右，其中，仅国债基金就占据了40%的比重，这也体现了以安全性为首要目标的原则。当然，投资者也可将其中的部分国债基金换成货币基金。

在风险收益方面，仅配置了占资产总额20%的可转债基金。这一点主要是考虑可转债资产具有一定的托底功能，即使股市进入熊市，亏损幅度也不会太大。总之，由于距离需要用钱的时间较短，尽量不要让这部分资金承受太大的风险。

三、保守型家庭的投资理财规划

每个家庭的收入水平、支出状况以及投资理念不同，都可能对家庭理财规划的制定产生一定的影响。这里所说的保守型家庭，是指在理财方面风险承受能力相对较低的家庭，也就是说，这些家庭在理财时，往往倾向于低风险资产或者低风险资产占据较大的比重。

1. 保守型家庭对理财的需求

这类家庭对理财的需求包括如下几项。

第一，希望理财收入取得高于银行三年或五年定期存款或货币基金的收益。这是保守型家庭理财最基本的需求，若没有得到上述保障，他们更愿意将钱存进银行或购买国债。

第二，在保证本金安全的前提下，也可以考虑适当地追求更高的收益，但不能因为追求高收益而使投资处于高风险状态。

第三，大部分资产可作长期投资打算，但在未来的某些时间节点可能会有资金需求，需要能够随时将部分投资产品变现。

2. 保守型家庭的理财规划思路

保守型家庭的理财规划，需要重点考虑以下几方面内容，如图11-13所示。

第十一章 债券基金基本投资策略

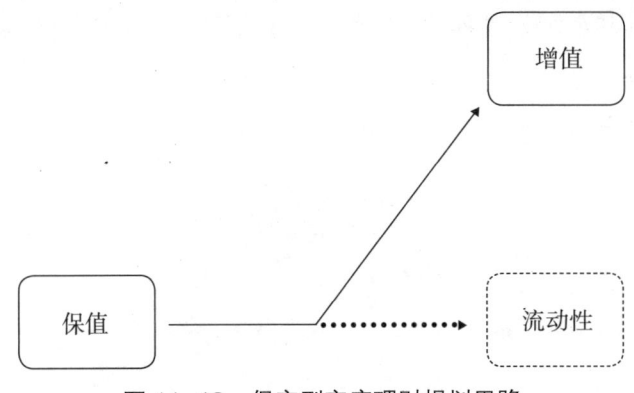

图 11-13 保守型家庭理财规划思路

第一，资产保值是第一要务。对于保守型家庭来说，资产无法保值是不可接受的，整个理财规划必须围绕保值这一主线，所以债券基金所占的比重是非常大的。

第二，要求保值，并不意味着对增值没有需求，相反，只是需要在控制风险的前提下，尽量追求高收益，因此中度风险与收益的投资产品仍是需要配置的。

第三，必须保持相当比例的资金流动性，这是家庭理财中比较重要的一条。不能在需要大额支出时，理财资产无法变现或变现就会出现较大幅度的损失。

3.保守型家庭的投资理财方向设计

基于保守型家庭理财规划的思路，可以大致理清这类家庭理财产品的布局设计。如图 11-14 所示的产品占比分布可作为参照依据。

从图 11-14 的规划中可以看出，保守型家庭理财的首要目标是保证本金的安全，因而债券基金投资占据了绝对地位。由于定开型债券基金相比普通债券基金的收益更好，但其流动性相对差一些，因而在资产配置方面选择了将 30% 的资金投资于定开债基金，另外 30% 的纯债基金可以应对家庭突发事件对资金的需求。

混合债基金和可转债基金属于保守型家庭的进攻性组合。相对来说，可转债基金有托底保障功能，可将其视为过渡性资产，即进攻与防守兼备的资产。混合债券基金则是纯粹的进攻性资产，当然，这是对相对保守型家庭而言的。在混合债券基金中，到底选择股票资产占比多大的基金品种，还需要投资者自行决定，一般不宜超过30%。

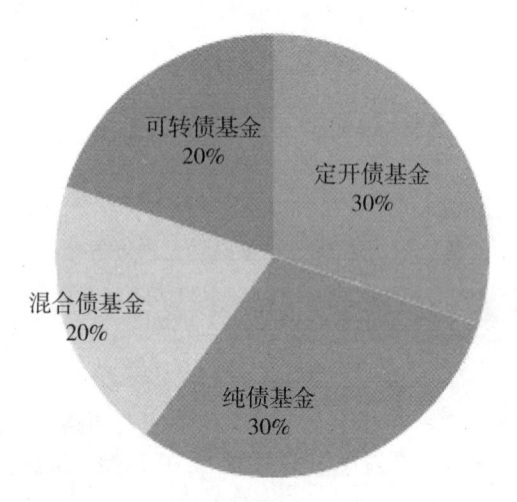

图 11-14　保守型家庭理财规划方向

（饼图：可转债基金 20%，定开债基金 30%，纯债基金 30%，混合债基金 20%）

四、激进型家庭的投资理财规划

没有人愿意将自己的家庭资产置于高风险中，因此，所谓的激进型家庭，更多地是因为家庭整体资产比较丰厚，未来收入相对比较稳定，使得这类家庭用于投资的资金能够承受相对较高的风险。

1. 激进型家庭对理财的需求

这类家庭对理财的需求包括如下几项。

第一，希望整个家庭理财收入水平能够取得较快的增长，并愿意承受一定程度的损失。这就是典型的风险与收益对等原则。

第二，愿意接受风险，并不意味着可将家庭资产全部置于高风险中，因此，在资产配置中，必须保留部分防守型资产。

第三，通常情况下，激进型家庭往往属于对投资资金短期内没有其他用途的家庭，这就使得该笔资金可以更加从容地应用到各类高风险资产的投资方面。

2. 激进型家庭的理财规划思路

激进型家庭的理财规划思路，需要重点考虑以下几方面内容，如图 11-15 所示。

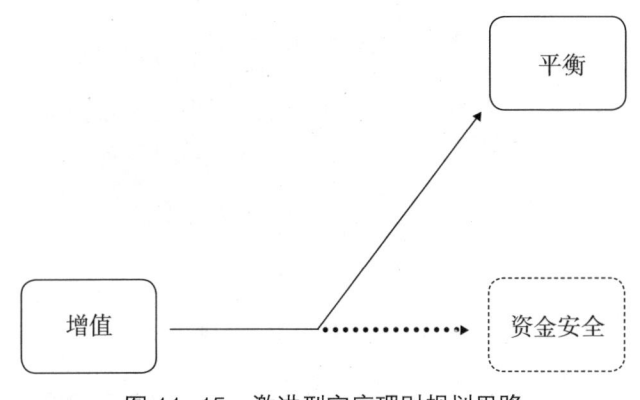

图 11-15 激进型家庭理财规划思路

第一，资产增值是第一要务。对于激进型家庭来说，资产无法增值是没有意义的，因而，整个理财规划必须围绕增值这一主线，股票型基金或偏股型基金所占的比重是非常大的。

第二，资金安全也是这类家庭需要考虑的因素。正因为如此，分散投资，确保资金安全，降低个别投资品种的风险，也是需要考虑的因素。

第三，平衡风险与收益的关系，也是激进型家庭理财需要优先考虑的问题。追求高收益必然会遭遇高风险，在理财规划中，要使二者取得平衡，即在控制风险的前提下实现高收益。

3. 激进型家庭的投资理财方向设计

基于激进型家庭理财规划的思路，可以大致理清这类家庭整体理财产品的布局设计。如图 11-16 所示的产品占比分布，可作为参照依据。

从图 11-16 的规划中可以看出，激进型家庭理财的首要目标是资产增值，因而股票基金或偏股型基金占据了绝对地位。同时，由于债券基金相比股票基金具有更强的安全性和稳定性，也可以用于平衡股票型基金的风险，因而在资产配置方面选择了将 30% 的资金投资于债券基金（纯债基金），另外

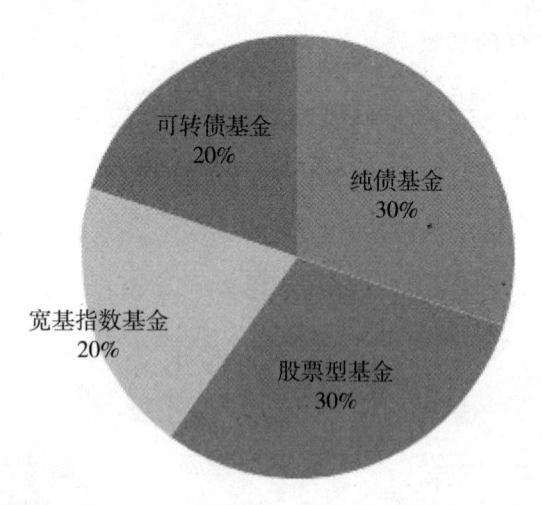

图 11-16 激进型家庭理财规划方向

20%的可转债基金可作为过渡。这就意味着,股票型基金的仓位占比可以扩大至50%左右的水平,但最好将这50%的仓位拆成30%的股票型基金和20%的宽基股票指数基金(如沪深300指数)为宜。